Jakob Lieberherr

Winterwandern in Graubünden

Mit 29 Winterwanderungen und weiteren Winter-Events

Terra Grischuna

Folgende Unternehmen haben in verdankenswerter Weise
die Herausgabe dieses Winterwanderführers unterstützt:

Bergbahnen Graubünden
Graubündner Kantonalbank
Postauto Graubünden
Rhätische Bahn

© 1999 Terra Grischuna AG Chur
2. Korrigierte Auflage 2006
Alle Rechte vorbehalten
Gestaltung, Druckvorstufe und Karten: Marius Hublard, Ilanz
Lithos und Druck: Casanova Druck und Verlag, Chur
Buchbinder: Burkhart AG, Mönchaltorf

ISBN 10: 3 7298 1111 8
ISBN 13: 978 3 7298 1111 9

Inhalt

Zum Geleit	6
Was ist ein Winterwanderweg	7
Winter-Wandertips	7
Die Surselva	10
1. Flims Fidaz -Foppa–Startgels–Runca–Flims	12
2. Laax Ladir–Falera–Larnags–Murschetg	15
3. Brigels Brigels–Talstation Sesselbahn–Curtgin–Waltensburg	18
4. Disentis Disentis–Acletta-Segnas–Mompé-Bugnei–Sedrun	21
5. Lugnez/Lumnezia Vella–Morissen–Bündnerrigi–Cuolm sura–Surcuolm	24
6. Vals/Valsertal Gadastatt–Frunt–Zerveila	27
Die Region Hinterrhein	32
7. San Bernardino San Bernardino–Fornas–Lagh Doss–Percorso Vita	34
8. Domleschg Thusis–RhB Station Realta–RhB Station Rothenbrunnen	37
9. Splügen Splügen–Sufers–Seerundgang–Splügen	40

Inhalt

10. Avers — 43
Loretsch Hus–Vorder Bergalga–Alti Hütta

Arosa–Chur–Bündner Herrschaft — 48

11. Arosa — 50
Prätschli–Weisshorn Mittelstation–Alpenblick–Inner Arosa

12. Hochwang — 53
Pagig–Sulsch–Fastäz–Triemel–Skihaus Hochwang

13. Chur — 55
Rossboden–Felsberg–Rossboden

14. Herrschaft — 58
Landquart–Malans–Jenins–Rofels–Maienfeld

Davos–Prättigau — 64

15. Klosters — 66
Klosters Platz–Monbiel–Pardenn–Garfiun

16. Davos — 69
Ischalp–Clavadeler Alp–Clavadel–Waldfriedhof–Islen

17. Davos–Dischma — 71
Davos Dorf–Bünda–Duchliweg–Duchlisaga–Teufi

18. St. Antönien — 73
St. Antönien–Partnun

Oberengadin — 78

19. Pontresina — 80
Pontresina–Val Roseg–Restaurant Roseggletscher

20. Muottas Muragl (Philosophenweg) — 83
Muottas Muragl–Tschimas da Muottas–Muottas Muragl

21. Sils Maria — 86
Sils Maria–Silvaplana–Lej Marsch–St. Moritz-Bad

Inhalt

Region Samnaun/Unterengadin/Val Müstair	92
22. Samnaun Samnaun Dorf–Ravaisch–Plan–Laret–Compatsch	94
23. Lavin Lavin–Guarda–Bos-cha–Ardez	96
24. Val Müstair Fuldera–Valpaschun–Craistas–Sta. Maria	99
25. Scuol Motta Naluns–Prui–Ftan	104
26. Val da Camp Sfazù–Lungacqua	107
Lenzerheide–Surses–Albula	110
27. Parpan Parpan–Tschuggen–Oberberg–Churer Joch	112
28. Savognin Savognin–Sot Curt–Riom–Tigignas–Radons	115
29. Bergün Bergün–Latsch–Stuls–Bergün	118
Bibliografie	124
Informationen	126

Zum Geleit

«Es jedäs wo da durä gäit ischt uf äm Wäg in d'Ewigkeit».

Dieser Hausspruch, der im Schanfigg auf die Talstrasse nach Arosa grüsst, hat es in sich. Er erfreut die Wanderer und Wanderinnen, die zu Fuss unterwegs sind, während man sich vom fahrenden Auto aus keine Zeit zum Lesen besinnlicher Sprüche leisten kann.

So gehen wir zusammen auf die Wanderung durch die vielfältigen Winterlandschaften des einmaligen Bündnerlandes, von den Rebbergen der Herrschaft zu den Arvenwäldern und Gletschern des Engadins, von den Grenzen Tirols im Osten bis zu den Quellen des Rheins im Westen.

Neben den Beschreibungen der 29 ausgesuchten Winterwanderungen möchten wir auch das Verständnis für die vielfältigen Eigenheiten wecken, die man in den Regionen, Tälern, Dörfern und Siedlungen auf Schritt und Tritt antrifft.

Wir folgen auf unseren Winterwanderungen den gut gepflegten Wegen in die Natur und respektieren damit auch die immer enger werdenden Lebensräume, die immer wieder neu aufzuteilen sind. Gerade darum lohnt es sich immer aufzubrechen, selbst wenn einmal die Schneeflocken wirbeln und die Nebel tief in den Tannen hängen. Es lohnt sich auf den verschneiten Wegen zu gehen – Schritt um Schritt – eins sein mit Kameraden – der Landschaft und der Natur.

Winterwandern ist keine Droge, nein, es ist echte, tiefe Freude für alle, es ist Leben!

Was ist ein Winterwanderweg?

Von Winterwanderwegen kann nur gesprochen werden, wenn:

1. verschneite gewöhnliche Wege durch besondere Vorkehrungen, wie Bahnen, Schneeräumen, Walzen, Sanden, auf ihrer ganzen Breite oder teilweise begehbar gemacht werden, oder

2. eigentliche Winterwanderwege, die über schneebedecktes freies Gebiet führen und durch besondere Massnahmen begehbar gemacht werden, angelegt werden.

Auszug aus «Die Rechtslage auf Wanderwegen (Winter)» des SVS

Winter-Wandertips

Winterwanderwege sind mechanisch präparierte Winterwege, die mit entsprechenden Maschinen und Geräten unterhalten werden. Zwar kann ihre Beschaffenheit bei Schneefall, Frost oder Sonnenschein rasch von «weich» zu «vereist» wechseln. Auf Winterwanderwegen wird im Normalfall keine Schlusskontrolle am Abend durchgeführt. In ausserordentlichen Situationen, zum Beispiel Lawinengefahr, starke Vereisung, Nebel, Sturm oder starkem Schneefall können Winterwanderwege gesperrt werden.

Eigenverantwortung

Das Winterwandern geschieht, wie das Wandern in den anderen Jahreszeiten, auf Eigenverantwortung.

Ausrüstung

Warme Kleider müssen sorgfältig ausgewählt werden. Zum Beispiel besser zwei leichtere Pullover als ein schwerer. Mütze über Ohren, warme Handschuhe. Atmungsfähige, wasserundurchlässige Windjacke.

Winter-Wandertips

Wegweiser zeigen den richtigen Weg.

Wintertüchtiges warmes Schuhwerk. Beim Schuhkauf speziell rutschfeste Schnee-Sohlen verlangen. Es ist ratsam, im Winter immer einen Gleitschutz in Form von anschnallbaren Schuheisen mitzunehmen, denn es können unverhofft vereiste Wegstellen auftreten.

Wanderstöcke: Wer im Sommer mit Stöcken wandert, kann dies auch im Winter tun. Allgemein ist zu empfehlen, immer teleskopierbare Stöcke dabei zu haben. Man sollte aber bedenken, dass der Mensch als aufrechtgehendes Wesen normalerweise in der Lage ist sein Gleichgewicht bei allen Gehbewegungen automatisch auszugleichen. Stöcke nach Möglichkeit nur bei schwierigen Wegpartien und bei langen, steilen Auf- und Abstiegen verwenden.

Kälte- und Sonnenschutz, Brille, Crèmen etc.

Vorbereitung

Bereiten Sie sich gut vor für Ihre Wandervorhaben.

Benützen Sie die Unterlagen der örtlichen Verkehrsvereine über das Winterwandern.

Winter-Wandertips

Alle Verkehrsvereine helfen Ihnen gerne dabei. Die richtige Auskunft von der richtigen Stelle ist meist die billigste.

Sie finden in diesem Buch bei jeder Wanderung auch Adresse und Telefonnummer des jeweiligen Verkehrsvereins.

Winter-Wanderwege sind allgemein sehr gut gepflegt. Man muss sich unbedingt an zusätzliche Anordnungen halten. (Sperrungen, Lawinengefahr etc.)

Wanderzeiten sind Richtzeiten, die im Winter, je nach Schneeverhältnissen sehr stark variieren können.

Öffentliche Verkehrsmittel: Alle Ausgangspunkte zu den Winter-Wanderungen sind mit den öffentlichen Verkehrsmitteln erreichbar. Erkundigen Sie sich bei den Verkehrsbetrieben Graubündens über Fahrzeiten und spezielle Angebote.

Abfälle, wie Speiseresten, Fruchtschalen, Papiertaschentücher und andere hygienische Bedarfsartikel nie in den Schnee stecken. Sie kommen nämlich nach der Schneeschmelze in einem unansehlichen Zustand wieder zum Vorschein. Man merke: Wer eine Banane in die Berge trägt, der hat, nachdem er sie gegessen hat, sicher genügend Kraft, um die Schale nach Hause zu tragen.

Die Surselva

Die Surselva – übersetzt ob dem Wald – hat eine Gesamtfläche von 1470 km^2. Die 23 000 Einwohner wohnen in 48 Gemeinden, beziehungsweise in 110 Ortschaften. Daraus ergibt sich eine Besiedlungsdichte von 16 Einwohner/km^2. 62% der Bevölkerung spricht rätoromanisch «Sursilvan», ein Drittel ist deutschsprachig und der Rest verteilt sich auf andere Sprachen. Rund drei Viertel der Bevölkerung sind katholisch und ein Viertel protestantisch.

In der Surselva werden insgesamt 45 000 Fremdenbetten angeboten, wovon rund 7 000 in Hotels, der Rest in Ferienwohnungen und in der Parahotellerie. Die vier Tourismuszentren Flims-Lax-Falera, Val Lumnezia-Valsertal-Obersaxen, Brigels-Waltensburg-Andiast sowie Disentis-Sedrun sind besonders hervorzuheben.

Die Surselva ist ab Chur mit der Rhätischen Bahn und ab A13 mit der gut ausgebauten Vorderrheintalstrasse erschlossen. Zudem verkehrt ab Disentis die Furka-Oberalpbahn ganzjährig nach Andermatt und weiter ins Wallis bis nach Zermatt. Im Sommer besteht über den Lukmanierpass eine weitere Verbindung mit dem Kanton Tessin. Innerhalb der Region sorgen ungezählte Postautolinien für die Verbindungen mit den hintersten und höchsten Dörfern.

Das Testament des Churer Bischofs Tello aus dem Jahre 765 birgt vor allem die geschichtlichen Quellen über die Surselva. Dazu kommen weitere Aufzeichnungen in kirchlichen und klösterlichen Dokumenten. Mit diesem Testament wollte Tello die Bluttat seines Vaters Viktor sühnen, die dieser am Edelmann Placidus ausführen liess. Placidus war ein Gönner und Schüler des heiligen Sigisbert, der um 615 herum in der Waldeinsamkeit von Disentis «Herd und Klause» baute und eine Kapelle der Jungfrau Maria weihte. Sigisbert seinerseits war ein Schüler des irischen Glaubensboten Columban. Später richtete der Abt Ursicinius im fest etablierten Kloster die weit über die Landesgrenzen hinaus berühmte Klosterschule ein. Ab 1213 war Disentis eine Gebietsherrschaft. In dieser Zeit beginnt die Geschichte der Cadi (abgeleitet lat. Casa Dei). Im Jahre 1424 wurde unter dem Ahorn von Trun unter dem Vorsitz des Abtes von Disentis der «Graue Bund» beschworen.

Blick von Bugnei auf Sedrun.

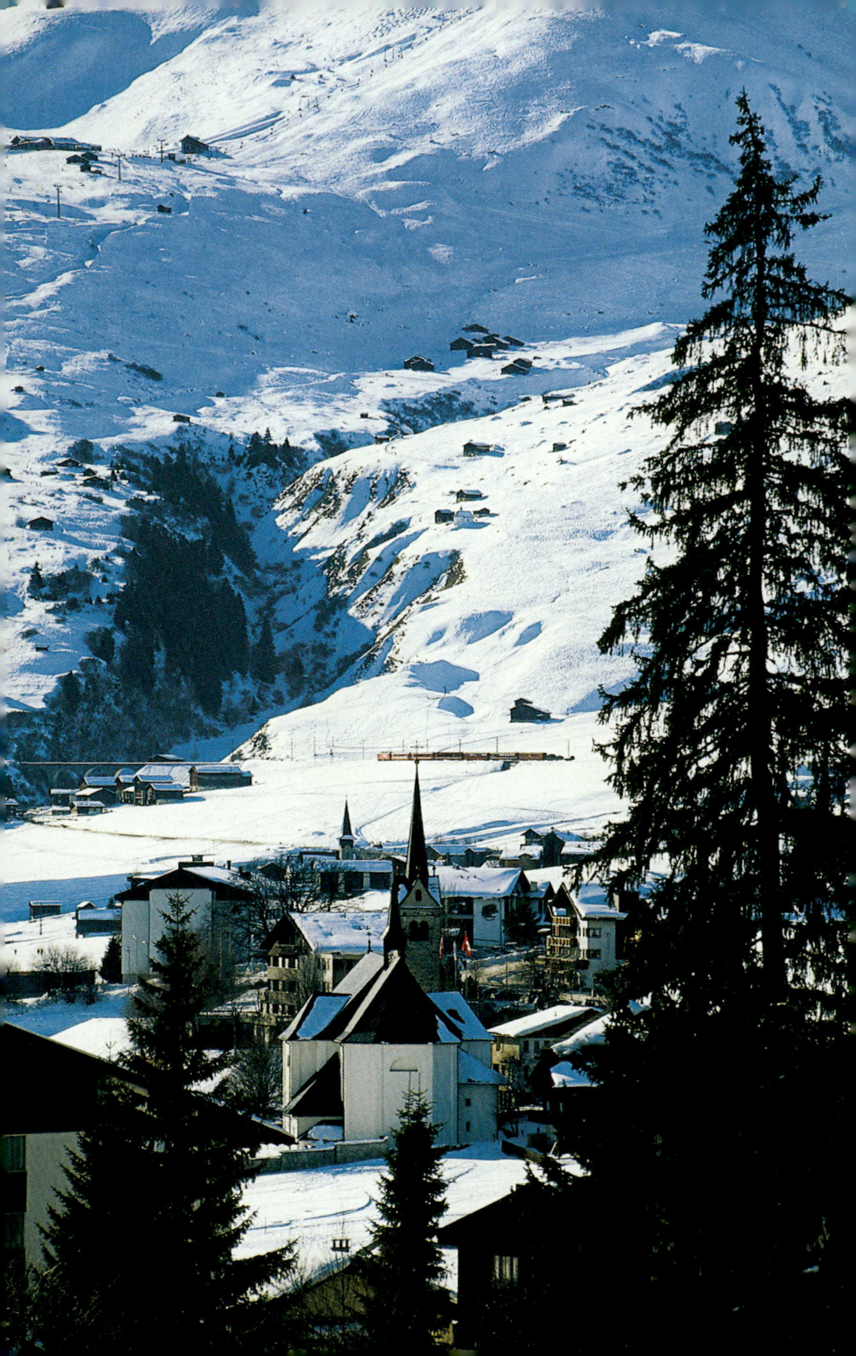

1. Flims

Fidaz–Foppa–Startgels–Runca–Flims

Distanz	cirka 9,2 km
Höhendifferenz	426 m
Wanderzeit	cirka 4¼ Std.
Hinweise	Flims–Foppa, Talfahrt mit Sesselbahn möglich
Charakteristik	gepflegter Weg mit leichten Auf- und Abstiegen
Anreise	Postauto nach Fidaz
Rückreise	ab Flims Dorf mit Postauto
Winterangebot	60 km Wanderwegnetz (Wanderkarte)
Auskunft	Flims Tourismus

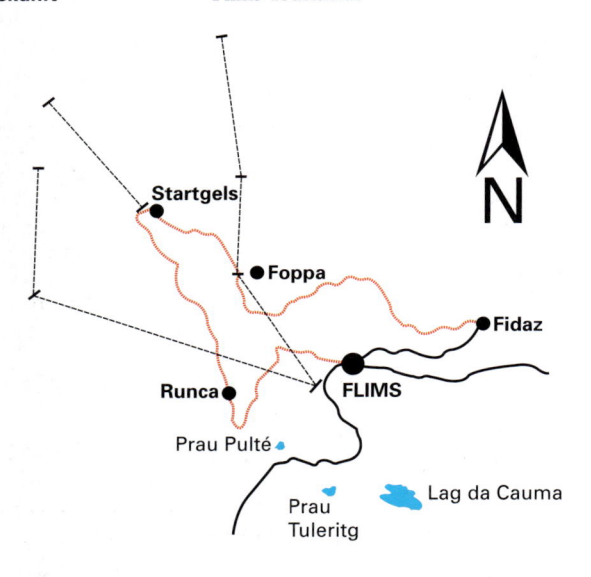

Die Wanderung

Am besten beginnt man diese Wanderung bei der «Milchbahn» zuhinterst im Dorf Fidaz (1189 m). Leicht ansteigend führt das Asphaltsträsschen über weite Wiesen nach Scheia. Die Wiesenterrasse

Flims

am Fusse des Flimsersteins bietet eine wunderbare Panoramaaussicht mit der dominierenden Signinagruppe. In Scheia (1222 m) weist der Wegweiser auf einen unterhaltenden Sprachlehrpfad hin, dem wir nun folgen. Nachdem wir die letzten Häuser hinter uns gelassen haben, wechselt der Wegbelag von Asphalt auf Kies. Es ist gut, die Schuheisen dabei zu haben, denn der leicht ansteigende Weg ist stellenweise vereist. Weiter oben überqueren wir die Bergwiesen von Prau Tumasch und erreichen nach dem Fichtenwald Spaligna, einen ruhigen, kleinen Weiler (1320 m) mit dem gemütlichen Restaurant auf der schönen Sonnenterrasse. Von hier steigt man weiter nach Foppa (1420 m) hinauf und befindet sich bei der Bahnstation und dem Restaurant Foppa mitten im Volk der Wintersportler. Nun halten wir nach links unter der Sesselbahn durch und queren vorerst einen Fichtenwald. Danach steigen wir wieder steiler über Wiesen an, zweigen nach cirka 200 m nach links hinauf nach Startgels (1611 m). Der Winter regiert hier spürbar härter als in Fidaz. Erneut winkt ein Restaurant mit Sonnenterrasse bei der Bahnstation, sodass man sich das Proviantragen ersparen könnte, denn schliesslich tragen ja die sportlichen Skifahrer auch keine grossen Lunchpakete mit.

Von Startgels aus ist der Abstieg angenehm. Der Weg ist gut präpariert und führt über Alpweiden und Wälder an den idyllischen Maiensässhütten von Tarschlims und Muletg vorbei zum Restaurant Runca Höchi (1338 m) und weiter abwärts durch den Wald nach Runcs (1206 m). Hier führt der Weg um den neuen Landwirtschaftsbetrieb herum und nach 15 Minuten erreicht man über die Wiesen das Zentrum von Flims Dorf (1081 m).

Weitere Vorschläge

Flims Waldhaus–Caumasee–Conn–Flims Waldhaus cirka 3 Std.

Winterlandschaft am Fusse des Flimsersteins

Die Kurortgemeinde Flims (lat. flumina = Fluss) hat, zusammen mit Fidaz, eine Fläche von 50,9 km^2. Die 2200 Einwohner sprechen zu 85% deutsch und 15% romanisch. Zwei Drittel sind protestantisch und ein Drittel katholisch.

Durch den Flimser Bergsturz, eines der grössten Naturereignisse in der Geschichte nach der letzten grossen Eiszeit (Würmszeit), er-

Flims

Winterliches Flims Waldhaus.

Der Caumasee im Winter.

hielt die Landschaft vor mehr als 12 000 Jahren ihre heutige Gestalt. Auf diesen Schuttkegeln entstand der Flimserwald mit den darin eingelagerten Waldseen, von denen der Caumasee und der Crestasee die bekanntesten sind.

Verschiedene Funde aus der Broncezeit weisen darauf hin, dass Flims bereits vor cirka 3500 Jahren besiedelt war. Flims (romanisch Flem) wurde aber immer wieder von Steinschlägen und Rüfen heimgesucht. Flurnamen wie Runcs und Runcas weisen auf frühe Rodungen durch Rätier hin. Im Tello-Testament von 765 ist Flims unter dem lateinischen Namen Flumina erwähnt. In einem Verzeichnis um 831 werden die Kirchen St. Martin in Flims-Dorf und die Kirche St. Simplicus in Fidaz aufgeführt. Im 14. Jahrhundert kamen die Herren von Belfort und die Grafen von Sax Misox an die Macht. Ihnen folgte im 16. Jahrhundert der Landvogt und Landrichter Wolf Capol. Das Capol-Schlösschen stammt aus dem Jahre 1682. Daraus wurde im 19. Jahrhundert eine reich verzierte Täferstube verkauft. Um diese zu bewundern, müsste man heute ins Metropolitan-Museum nach New York (USA) reisen.

Die grosse Wende zum Tourismus kam 1875, als die «Kur- und Seebadanstalt Waldhaus» gegründet wurde. Mit dem Bau der ersten Sesselbahn nach Foppa wurde der Grundstein zum heutigen Massentourismus gelegt.

Die modernen Bergbahnen in der weissen Arena bringen neben den vielen Sportlern auch die Winterwanderer zu vielen Ausgangspunkten von einmalig schönen Wanderungen.

2. Laax

Ladir–Falera–Larnags–Murschetg

Distanz	cirka 11 km
Aufstieg	74 m
Abstieg	256 m
Wanderzeit	cirka 3 Std.
Charakteristik	angenehm gewalzter Feldweg von Ladir nach Falera, dann mit leichten An- und Abstiegen nach Murschetg
Anreise	Postauto oder RhB nach Ilanz und mit Postauto nach Ladir
Rückreise	Postauto nach Ilanz oder Chur
Auskunft	Laax Tourismus

Einst prähistorische Kultstätte: die alte Kirche von Falera.

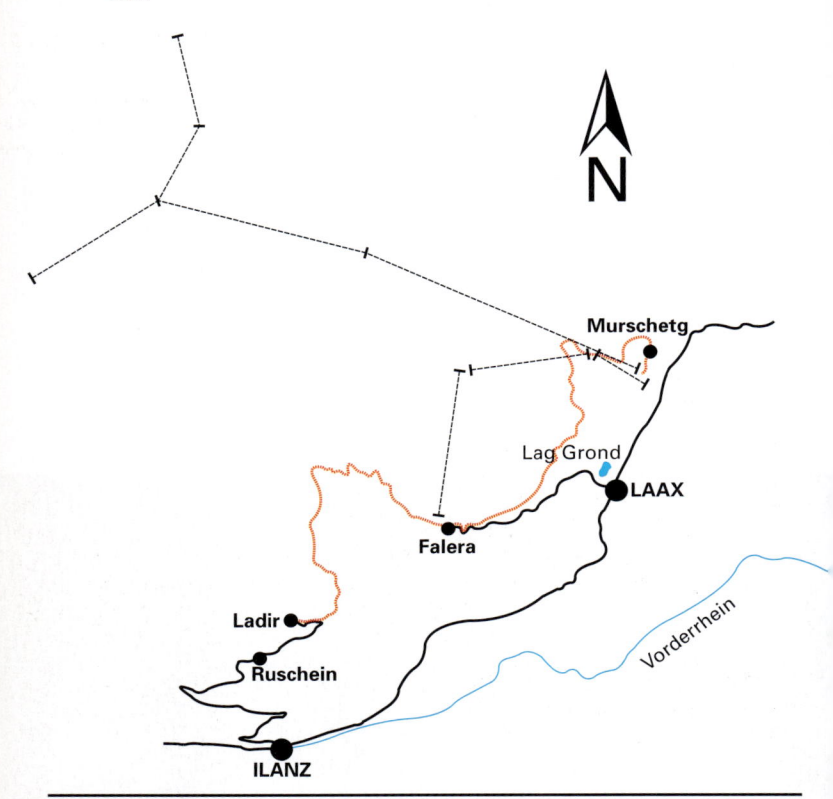

Die Wanderung

Von der Posthaltestelle im Dorfzentrum von Ladir gehen wir cirka 100–150 m auf der Strasse nach Osten, bis der Wegweiser nach Falera weist. Auf diesem Strässchen wandern wir über Prau Davon und Plazzas in die Val Cafegns hinein. Nachdem wir den Bach überquert haben, führt der Weg vorerst durch einen Fichtenwald auf sonnige Wiesenhänge hinaus und danach auf dem Strässchen hinunter nach Falera (1218 m). Beim Dorfzentrum entschliessen wir uns zu einem kurzen Abstecher, einmal um die prähistorischen Kultstätte mit der St. Remigius Kirche zu besuchen, zum andern um den einmaligen

Laax

Ausblick auf die Surselva und die Berge nochmals ausgiebig zu geniessen.

Wieder zurück auf der Strasse, wählen wir vor dem Dorfausgang den sehr schön angelegten Höhenweg durch verschneite Wiesen und Wälder nach Larnags und von hier weiter nach Laax Murschetg (1094 m), dem Ziel der Wanderung.

Weitere Vorschläge

Falera–Curnius cirka 1½ Std.
Laax–Salums–Sportzentrum–Flims Waldhaus cirka 2 Std.

Vorfahren und ihre Rätsel

Wenn man hoch über dem Talgrund, im wunderbar gelegenen Südhangdorf Ladir (1277 m) das Postauto verlassen hat, ist man sogleich überwältigt von der prächtigen Aussicht. Wie auf einem Balkon geniesst man den Blick auf die Signinagruppe mit Piz Fess und Piz Riein, sowie ins Lugnez.

Heute hat *Ladir* cirka 110 Einwohner. Lange gehörte es zu den Bündner Gemeinden, die weniger als 100 Seelen zählen. Die Einwohner sprechen romanisch und gehören der katholischen Konfession an. Die weithin leuchtende Kirche S. Sein (Zeno), die unter Bundesschutz steht, wurde 830 als «ecclesia in leitura» erwähnt. Es muss das Licht des Himmels gewesen sein, das unsere unbekannten Vorfahren schon in ferner, vorchristlicher Zeit inspirierte, auf den abgeschliffenen Felsen bei Ruschein rätselhafte Zeichen in den Fels zu meisseln und auf dem Moränenhügel von Falera, wo sie ebenfalls wohnten, die Granitblöcke genau nach dem Lauf der Sonne auszurichten.

Das alte Bauerndorf *Falera* hat sich in den letzen Jahrzehnten vom Bauerndorf zum Tourismusort entwickelt, wobei der Wintertourismus heute eindeutig dominiert. Der Ort ist durch einen Sessellift mit der Skiregion Crap Sogn Gion verbunden.

Laax hat mit den erwähnten Dörfern, eine ganz ähnliche geschichtliche Vergangenheit durchlaufen, ist aber in den letzten Jahrzehnten vom bescheidenen Bauerndörfchen förmlich zum Weltkurort explodiert und die einheimische Bevölkerung hat sich in 30 Jahren auf über 1000 Personen verdoppelt.

3. Brigels

Brigels–Talstation Sesselbahn–Curtgin–Waltensburg

Distanz	cirka 2 km
Höhendifferenz	284 m (Abstieg)
Wanderzeit	cirka 1½ Std.
Charakteristik	kurze Strassenstücke, sonst gespurter Winterwanderweg.
Anreise	RhB nach Tavanasa, Postauto nach Brigels
Rückreise	Postauto ab Waltensburg nach Ilanz RhB
Auskunft	Tourismus Brigels–Waltensburg–Andiast

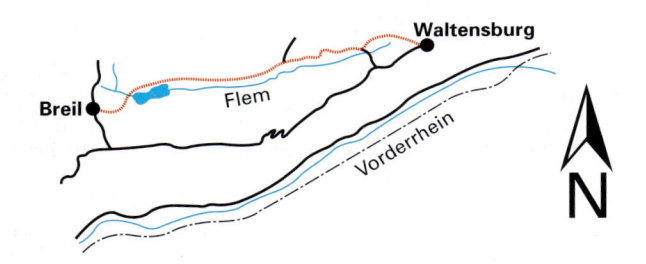

Die Wanderung

Mit dem Postauto fahren wir von Ilanz aus nach Brigels (1287 m), zum Ausganspunkt unserer Wanderung. Vom Dorfplatz der «Sentupada Communala» aus folgen wir vorerst der Strasse zum Dorfteil Cuort und biegen beim Restaurant Vincens nach rechts hinunter zur Talstation des Sesselliftes beim See (1255 m). Nun führt der Weg links dem See entlang ostwärts über offenes Gelände nach Curtgin Grond (1102 m) und weiter nach Waltensburg/Vuorz (1003 m).

Weitere Vorschläge

Sesselbahn–Burleun–Alp Dado–Parli–Burleun cirka 2 Std.
Brigels–Tschuppina–Waltensburg cirka 2 Std.

Brigels

Im winterlichen Brigels.

Brigels und Waltensburg – Sonnenterassen der Surselva

Wie gross die kulturellen und konfessionellen Unterschiede dieser Nachbardörfer auch sind – zwei Sachen haben die Bewohner dieser Landschaft seit Urzeiten bis auf den heutigen Tag gemeinsam: Die Sonne und den «Überblick» über die Surselva.

Diese Komponenten trugen dazu bei, dass sich die beiden Gemeinden, zusammen mit Andiast, zu einer beliebten Ferienregion entwickeln konnten. Viele neue Ferien- und Wohnsiedlungen vergrösserten in den letzten Jahren die Dörfer.

Neben der erhöhten Aussichtslage, hat die Region einmalige Naturschönheiten zu bieten. Der einzige echte Fichtenurwald (noch nie von Menschen genutzt) des Kantons Graubünden befindet sich im Gebiet Scatlè bei Brigels.

Brigels

Spaziergänger bei Brigels.

Frühe Besiedlungsspuren führen bis 1200 vor Chr. zurück. Aus alten Zeiten stammen die Burganlagen in Brigels und Waltensburg/Vuorz. Beide Gemeinden wurden im Tello-Testament von 765 erwähnt. «Bregolo» (=Brigels) als Grosshof und die Jörgenburg oder Munt Sogn Gieri für «Waltramspurc» (=Waltensburg). Es wird angenommen, dass dieser Name auf einen späteren Besitzer der Jörgenburg, namens Waltram oder «Waltharius», zurückzuführen ist. Vuorz kommt vom lateinischen «furcus» (=Gabelung) und soll sich auf die Hochebene zwischen Rhein und Flims beziehen.

Wie überall in der Surselva, ist in Brigels und Waltensburg/Vuorz eine Fülle von Kunstschätzen in den Kirchen und Kapellen zu finden, die von Fachleuten als sehr wertvoll eingestuft werden. Besonders zu erwähnen ist der Ivo Strigel-Altar in der Kapelle Sogn Sievi in Brigels, sowie die Fresken des «Waltensburger Meister» in der Dorfkirche von Waltensburg, deren Entstehung zeitlich um das Jahr 1330 eingeordnet werden.

4. Disentis

Disentis–Acletta–Segnas–Mompé–Bugnei–Sedrun

Distanz	cirka 9,5 km
Aufstieg	262 m
Wanderzeit	cirka 3 Std.
Charakteristik	Gepflegter, aussichtsreicher Winterwanderweg durch offenes Gelände und Fichtenwald mit leichten Steigungen.
Anreise/Rückreise	mit Bahn oder PW nach Disentis ab Sedrun mit FOB nach Disentis
Auskunft	Sedrun Disentis Tourismus

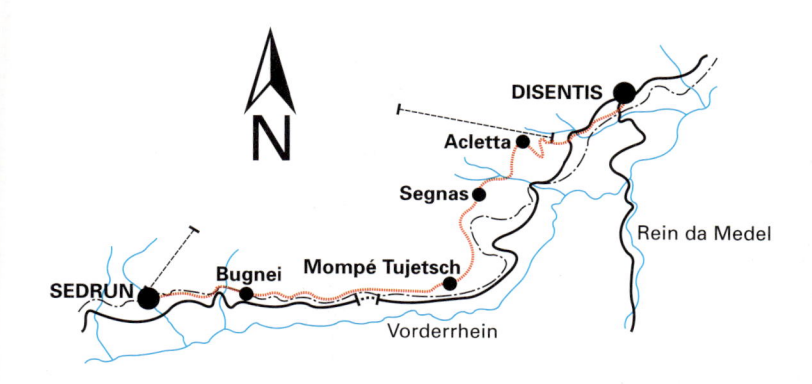

Die Wanderung

Vom Bahnhof Disentis (1130 m) folgen wir den gelben Wegweisern nach Acletta (1289 m), wandern an der Kirche St. Maria vorbei zum oberen Dorfende, wo wir den markierten Winterweg nach Segnas (1331 m) unter die Füsse nehmen, dem Dorf der letzten «Tretschenmacher» in der Schweiz. Tretschen sind zopfartig geflochtene Seile aus Tierhäuten, die wegen ihrer hohen Reissfestigkeit und der langen Lebensdauer bei den Bauern sehr beliebt waren. Gespräche mit

Disentis

Einheimischen – unseren Gastgebern – lohnen sich und geben den Wandererlebnissen die Würze.

Am unteren Dorfende Segnas führt der Weg, vorerst ebenaus durch die Winterlandschaft, später steigt er zum Weiler Mompé Tujetsch (1390 m) an. Hier geniesst man eine einmalige Aussicht talabwärts Richtung Ilanz und auf das Medelsergebirge im Süden. An der gegenüberliegenden Talseite, in Stagias, beeindrucken uns noch heute die 1990 vom Orkan «Vivian» freigesetzten Urkräfte, die zur Zerstörung dieser 635 ha grossen Waldfläche führten.

Von Mompé Tujetsch aus folgt der Weg dem Trassee der Furka-Oberalp-Bahn durch den Fichtenwald nach Bugnei (1436 m) mit der kulturell wertvollen Kapelle St. Josef. Nun folgen wir der Strasse bis zur Post Sedrun und gehen dann rechts hinauf am Museum La Trueisch und dem Hallenbad vorbei zum Bahnhof Sedrun (1441 m). In einer interessanten Ausstellung beim Bahnhof kann man sich über die NEAT-Baustelle informieren.

Weitere Vorschläge

Auenwaldwanderung dem Vorderrhein entlang:
Disentis–Brulf–Cavardiras–Compadials–Sumvitg cirka 2½ Std.

Disentis – von Tradition und Entwicklung

Ums Jahr 615 herum baute der Mönch Sigisbert, ein Schüler des irischen Glaubensboten Columban, in der Waldeinsamkeit von Disentis «Herd und Klause» zu Ehren der Jungfrau Maria. Daraus entstand das weltbekannte Kloster, das im Jahre 1213 die Gebietsherrschaft über die Cadi (abgeleitet von Casa-Dei) übernahm.

Das Benediktinerkloster mit der Kirche St. Martin beherbergt das älteste, bestehende Bildungszentrum Graubündens. Heute leben von den rund 200 Studenten über drei Viertel im Internat. Seit Jahren können auch externe Mädchen diese Schule besuchen.

Vor dem Bau der Bahnen und der Kraftwerke war die Landwirtschaft die einzige Existenzgrundlage der einheimischen Bevölkerung. Neben Viehzucht und Getreidebau wurde auch Flachs und Hanf angebaut. Aus dem Flachs wob man Stoff für die Wäsche.

Die Wolle der Schafe wurde zu grobem, blassgrauem Bündner Tuch, dem berühmten «ponn palus», verwoben. Daraus wurden

Disentis

Sedrun mit Piz Giuv.

Tief verschneit: Caischavedra.

dann die charakteristischen Bündnerkleider der Männer hergestellt, wie sie noch heute auf der Jagd oder am Markttag getragen werden. Für die Sonntagskleider der Frauen und Männer stellte man feinere, vorwiegend schwarzgefärbte Wollstoffe her. Umsichtige Wirtschafterinnen unter den Frauen legten Wert darauf, dass in der Truhe stets ein Vorrat an selbst hergestellten Textilien zur Verarbeitung bereit war.

In der Surselva wurde auch Hanf angebaut, aus dessen Fasern man Seile und Stricke herstellte. Hanffasern waren zeitweise ein Exportartikel und wurden an die Seilereien nach Chur und ins Unterland geliefert.

Auch heute gibt es in der Region noch moderne Bauernbetriebe und ein starkes Gewerbe, doch der Tourismus ist zum Haupterwerb für die Bevölkerung geworden. Disentis und Sedrun bieten ein reichhaltiges Angebot an touristischen Attraktionen für alle Wünsche der Gäste. Auch uns Winterwanderer hat man als Gästegruppe «neu» entdeckt, und ein grosses Netz von Winterwanderwegen durch die herrliche Landschaft steht uns zur Verfügung. Es wird bei Schneefall täglich gespurt und überwacht.

5. Lugnez/Lumnezia

Vella–Morissen–Bündnerrigi–Cuolm Sura–Surcuolm

Distanz	cirka 8,4 km
Aufstieg	360 m
Abstieg	360 m
Wanderzeit	cirka 3¼ Std.
Charakteristik	Gespurter Winterweg mit leichtem An- und Abstieg durch Wiesen und Wälder
Anreise	Postauto ab Ilanz nach Vella
Rückreise	Postauto ab Surcuolm nach Ilanz
Auskunft	Verkehrsverein Val Lumnezia

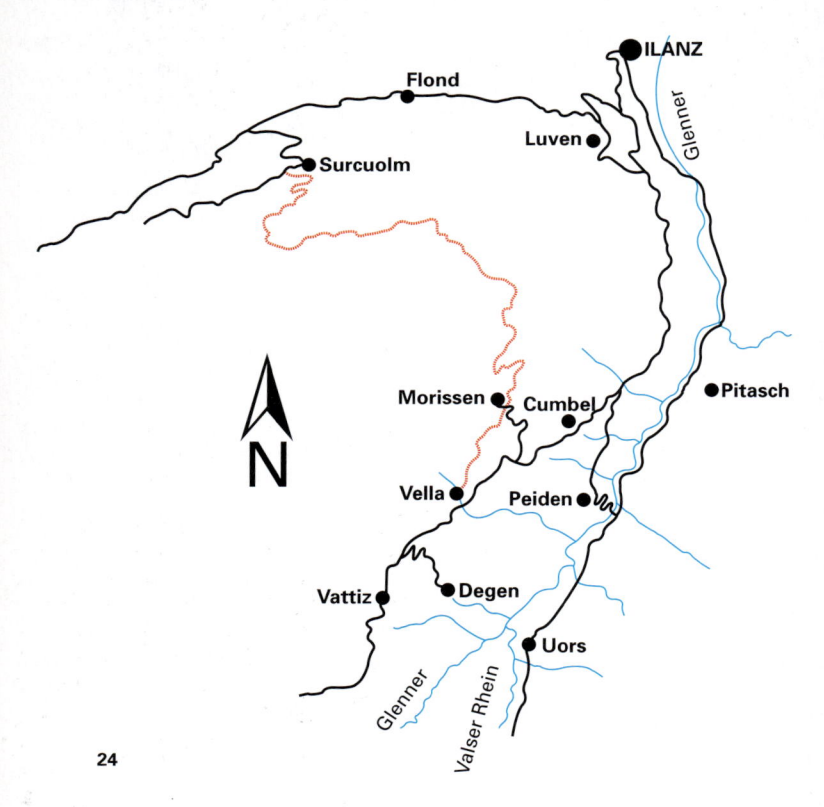

Lugnez

Surcuolm mit Oberalpstock.

Die Wanderung

In Vella (1244 m), dem Hauptort des Lugnez, wählen wir am Wegweiser die Richtung Morissen (1346 m), das wir über die verschneiten Wiesen mit den Ackerbauterrassen erreichen. Wir steigen durch das Dorf hinauf zum Dorfplatz. Nach rechts haltend kommen wir auf die Meliorationsstrasse in nördlicher Richtung über Giatreis (1554 m) durch den «Escherwald» nach St. Carli (1604 m).

Der Weg geht nun ebenaus weiter durch den Wald. Die hochstämmigen Arven, die hier zwischen gleichaltrigen Fichten stehen, weisen auf eine über hundertjährige Aufforstung hin. Nach 300 m verlassen wir diesen Wald und kommen zum Berghotel «Bündner Rigi» (1618 m), das etwas einsam im romanischen Sprachgebiet steht. Hier geniesst man eine herrliche Aussicht. Das Panorama vom Bifertenstock über den Calanda bis zur Sulzfluh liegt vor uns. Talauswärts erkennen wir die bewaldeten Schuttkegel des Flimser Bergsturzes. Ein geologisches Bilderbuch liegt offen da und zeigt die Zusammenhänge, die vor 12 000 Jahren zum grössten Bergsturz der Alpen geführt haben. Im Geist stellen wir uns die Ufer des Sees vor,

Lugnez

der dadurch aufgestaut wurde und bis nach Surrein hinein reichte.
Auf einem wunderbaren Panoramaweg gelangen wir nach Ruschneras (1584 m). Nochmals ein kurzer Anstieg auf 1668 m und weiter durch eine wunderschöne Maiensäss-Landschaft erreichen wir Cuolm Sura (1616 m). Von hier geniessen wir eine einmalige Aussicht auf das deutschsprachige Obersaxen und die romanische Surselva bis zum Oberalppass.

Der Abstieg nach Surcuolm (1346 m) hinunter ist ein reines Vergnügen für anspruchsvolle Geniesser.

Weitere Vorschläge

Surcuolm – Cuolm Sura – Misanenga – Affeier cirka 2 Std.
Vella – Degen – Vignogn cirka 1½ Std.

Lumnezia – «Tal des Lichts»

Die cirka 3500 Einwohner leben in 15 Gemeinden und ungezählten Dörfern und Weilern hoch oben an sonnigen Talflanken links und rechts über dem Glenner und am Valser Rhein. Sie bewohnen ein Gebiet von cirka 365 km², welches grösser ist als der Kanton Schaffhausen. Damit ergibt sich für das Lugnez eine Besiedlungsdichte von cirka 10 Einwohner pro km².

Erste Besiedlungsspuren, die in die Broncezeit vor 3500 Jahren zurückführen, fand man bei Crest Aulta zuhinterst im Tal, sowie auch in Vella. Jedenfalls musste das Kulturland von Anfang an dem Wald abgerungen werden.

Im Lugnez muss in früheren Zeiten ein wärmeres Klima geherrscht haben als heute. In Vignogn betrieb man Rebbau, was übrigens die Trauben und der Kelch im Gemeindewappen bezeugen. Ein Indiz, dass auch ein Pilgerweg durch das Lugnez geführt hat, liefert das Wappen mit den drei goldenen Muscheln von Morissen und die Jakobskirche aus dem Jahr 1345.

Surcuolm soll einst von Morissen her besiedelt worden sein. Die Burg Moregg bei Surcuolm (heute auf Gemeindegebiet von Obersaxen) dürfte aber schon früher eine strategische Bedeutung am Weg nach Morissen gehabt haben. Die Kapelle in San Carli soll anfangs des 17. Jahrhunderts errichtet worden sein, zum Gedenken an die Durchreise des Erzbischofs von Mailand im Jahre 1581.

6. Vals/Valsertal

Gadastatt–Frunt–Zervreila

Distanz	cirka 5,5 km
Höhendifferenz	180 m
Wanderzeit	cirka 2 Std.
Charakteristik	gespurter Panoramaweg mit leichten Anstiegen und kurzem steilen Abstieg
Hinweise	Winterwanderbus ab Zervreila mit Halt in Valé oder mit dem Schlitten nach Vals. Schlittenvermietung beim Restaurant Zervreila
Anreise/Rückreise	ab Ilanz mit Postauto oder PW
Auskunft	Vals Tourismus

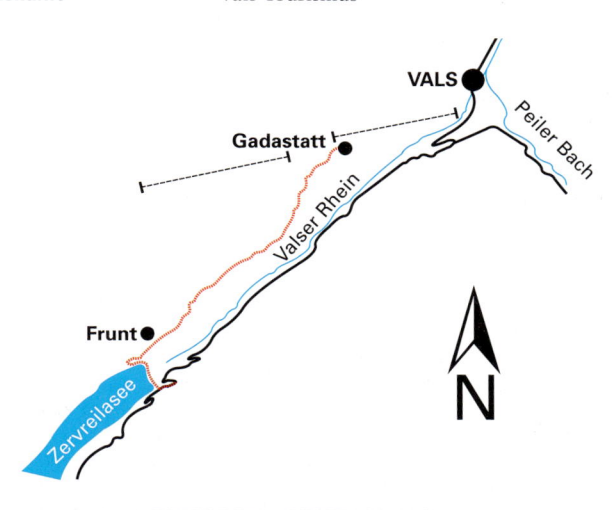

Die Wanderung

Vom Dorfteil Valé (1271 m) nehmen wir die Gondelbahn zur Bergstation Gadenstatt (1805 m). Hier an der Sonne beginnt der gut präparierte Weg nach Zervreila. Er führt zuerst eben dem Hang entlang, dann steigt er nach 300 m kurz durch eine Waldlichtung bergan. So erreichen wir das kupierte Gelände, durch das wir nach Bi-

Vals/Valsertal

danätsch weiterwandern. Die alten Ställe und Hütten werden heute nur noch zum Teil in ihrer ursprünglichen Bestimmung als Maiensässe genutzt. Viele dienen heute als Ferienhäuser und Jagdhütten, aber das Landschaftsbild würde an Schönheit verlieren, wenn diese schlichten Kulturdenkmäler verschwinden würden. Während wir Frunt (1990 m) zuschreiten, erklingt das Glöcklein der weissen St. Anna Kapelle auf dem Felssporn hoch über der Staumauer. Eine einheimische Frau hat uns an diesem schönen Tag spontan zur Besinnung eingeladen. An der warmen Wintersonne legen wir eine ausgiebige Rast ein und geniessen die Aussicht und Stille der Berge. Später steigen wir den steilen Weg zur Staumauer hinunter und erreichen die Bushaltestelle beim Restaurant Zervreila (1868 m) in 30 Minuten.

Weitere Vorschläge

Zervreilastrasse (je nach Schneelage kann der Rotabergtunnel umgangen werden) nach Staumauer cirka 2¼ Std.
Mit dem Postauto nach Lunschania (1080 m), Aufstieg zum Hof Munt (1471 m) und auf demselben Weg zurück cirka 2½ Std.
Platz–Soladüra–Camp–Platz cirka 1½ Std.

«Gschichta gits im Valsertal»

Hinter diesem alten Werbeslogan für das Valserwasser verbirgt sich mehr als ein wahrer Kern, denn das Tal ist reich an Sagen und Legenden. Beim Portikus St. Nikolaus, dem Tor mit Kapelle, soll die Öffnung einer Talsperre gewesen sein, wo vor alten Zeiten der Verkehr nach Vals pulsierte. – Und die Wege führten weiter, über den Tomülpass ins Safiental, den Valserberg ins Hinterrhein oder ins Bleniotal. Diese Pässe waren vor Jahrhunderten die Transitrouten, über die auch die deutschsprachigen Walser ins romanische Valsertal kamen. In den letzten Jahrzehnten, mit der Aktivierung der Mineralquellen, hat neues Leben in Vals Einzug gehalten. Heute rüsten sich hier die Wintersportler in der Frühe, noch bevor die ersten Sonnenstrahlen die Talsohle erreichen zum Aufbruch, um an den attraktiven Sonnenhängen des «Dachberg-Liftes Vals 3000» den Tag zu geniessen. Am Nachmittag kommen sie zurück und erholen sich in der neuen Felsen-Therme, in der «sinnlich-mystischen Badewelt» aus

Vals/Valsertal

Spuren zeigen zum Zervreilahorn. *Der zugefrorene Zervreilasee.*

Valser Stein und Valserwasser. Ein zusätzliches Standbein für eine gesicherte Existenz der Gemeinde Vals sind die Kraftwerke Zervreila AG. Neben den Wasserzinsen hat der Bau der Staumauer für die Gemeinde einen wirksamen Hochwasserschutz gebracht. Katastrophen, die im letzen Jahrhundert die Talbevölkerung beinahe bewogen hatten, das Tal zu verlassen und geschlossen auszuwandern, werden wohl endgültig der Vergangenheit angehören. Damals obsiegte der Durchhaltewillen der Bewohner. Ein Beispiel war die um 1830 herum geborene «Liemschbodä Trina». Diese Frau soll 1868 und 1888 im Liemschbodä, wo die Hochwasser besonders wüteten, alles verloren haben. Allen Schicksalsschlägen zum Trotz habe diese Frau noch mit 81 Jahren schwere Holzerarbeiten verrichtet und die Wäsche für eine grosse Familie bewältigt. Sie sei eine Frohnatur gewesen und habe noch im hohen Alter gerne ab und zu einen fröhlichen Jauchzer erschallen lassen. Eines ist uns klar geworden: Vals kann man nicht in einem Tag besuchen und erfassen, ohne vieles zu verpassen. Das nächste Mal werden wir länger bleiben.

Eskimo grischun

Als Kinder haben wir bestimmt einmal davon geträumt, wie Nordpolforscher mit Schneeschuhen durch den eiskalten Winter zu stapfen und abends bei den Eskimos im Iglu zu übernachten. Heute liegt das Abenteuer vor der Haustür: Im Bündner Oberland – und anderswo in Graubünden – kann man auf geführten Schneeschuh-Trekkings neue Wege entdecken. Beim Iglubau unter fachmännischer Leitung kommt mancher ins Schwitzen. Die Abkühlung folgt sogleich, und mancher wird es nach ein bis zwei Stunden im eignen Iglu vorziehen, den Rest der Nacht im gemütlichen Hotelbett zu verbringen.

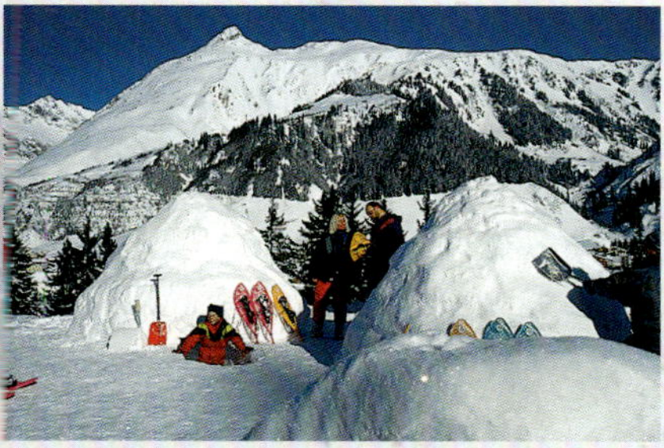

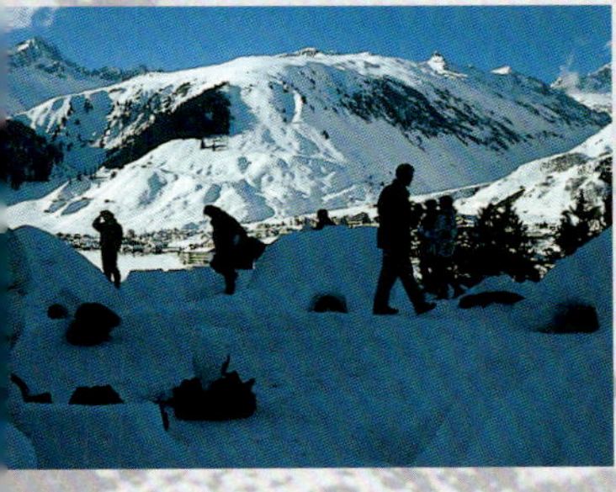

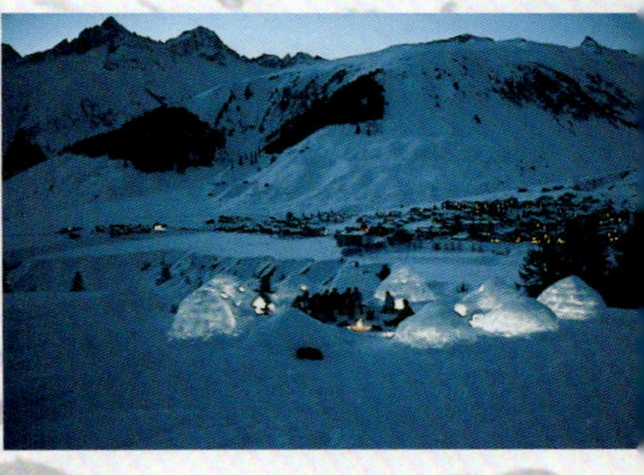

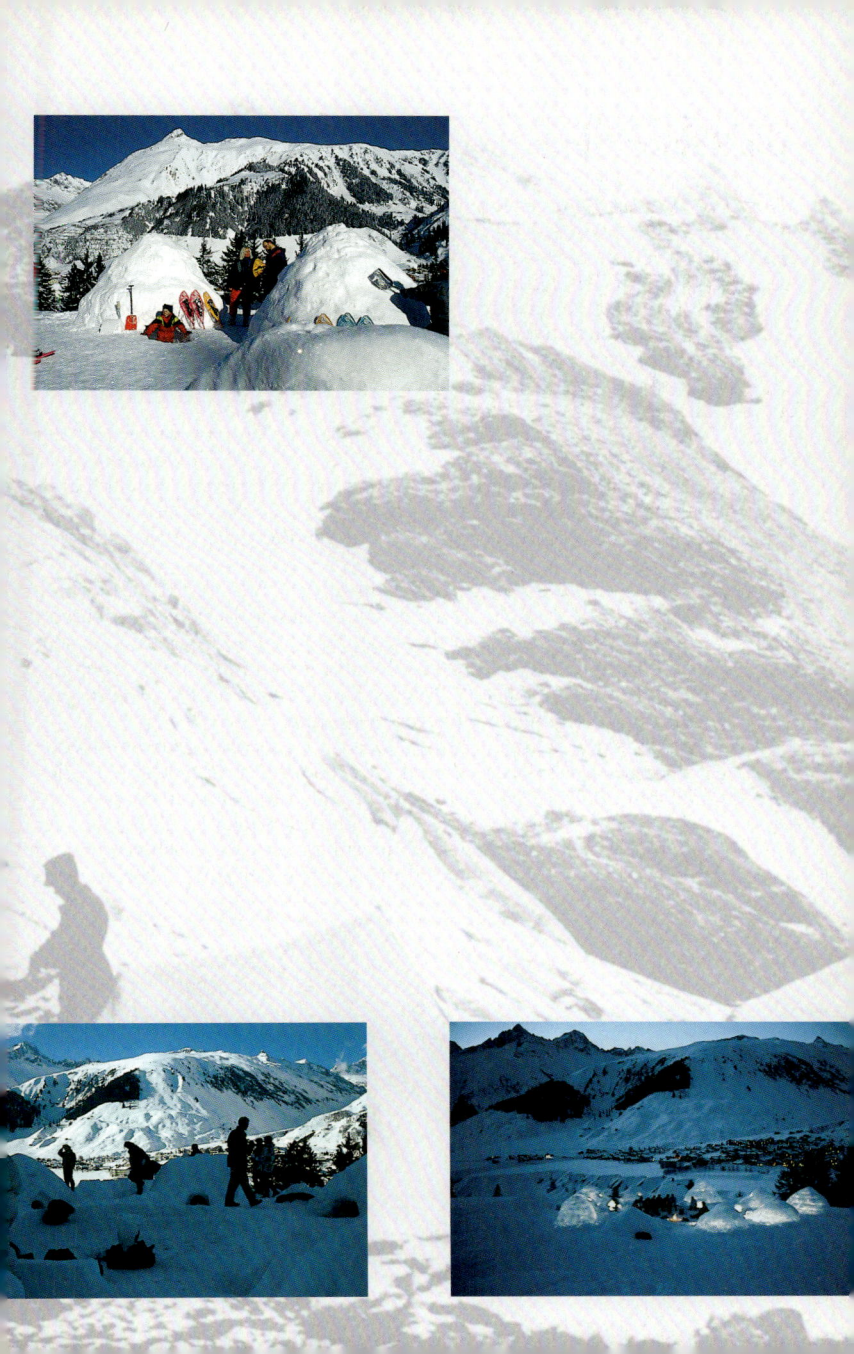

Die Region Hinterrhein

Die Winterzugänge zum Hinterrheintal beschränken sich auf die Bernardinoroute (A13). Der Splügenpass ist nur in den Sommermonaten geöffnet.

Zwischen Thusis im Norden und dem San Bernardino Pass im Süden liegen 18 Gemeinden, die zusammen eine Fläche von cirka 470 km^2 einnehmen, was zweimal der Grösse des Kantons Zug entspricht. Diese Region ist von cirka 2500 Personen bewohnt, woraus sich eine Besiedlungsdichte von weniger als sechs Einwohner pro km^2 ergibt.

So verwundert es nicht, dass man beim Wandern ausserhalb der Dörfer bald einmal allein auf weiter Flur ist. Die Einwohner erwerben ihren Lebensunterhalt in der Tourismusbranche, in der Landwirtschaft und im Handwerk, wobei der Granitabbau in Andeer eine besondere Bedeutung hat. Viele Pendler gehen ausserhalb des Tales zur Arbeit.

Zivilisation und Kultur haben in diesen Talschaften schon früh eine hohe Stufe erreicht. Denken wir an den kulturellen Stellenwert Kirchendecke in Zillis und die vielen anderen Kunstgüter. Das steinerne Grab von Avers Cresta oder das geheimnisvolle Kuppelgrab aus der Bronzezeit, das 1926 zwischen Donath und Casti entdeckt wurde, sind Zeitzeugen früherer Bewohner.

Hinter jeder Schlucht öffnet sich ein neues Tal. Geheimnisvolle Übergänge von Tal zu Tal sind zu entdecken und gehören zu den schönsten und reichhaltigsten Erlebnissen des Bergwanderns.

Am Abend, nach des Tages Mühen, im prickelnden Wasser des Heilbades von Andeer in den Erinnerungen des Tages schwelgen und dabei neue Taten zu planen, all dies gehört hier zum Leben und Erleben.

Der Sufnersee präsentiert sich in seinem Winterkleid.

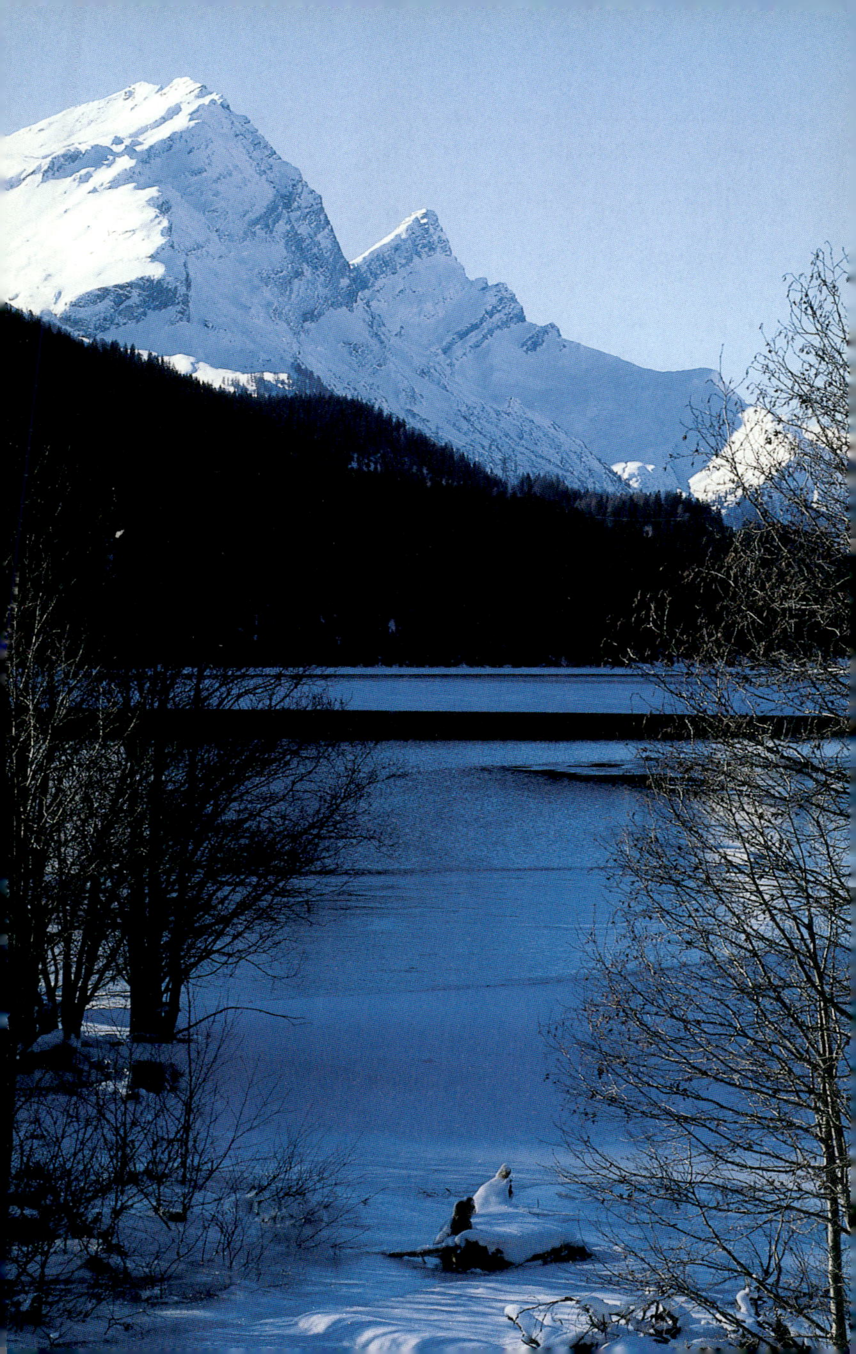

7. San Bernardino

San Bernardino–Fornas–Lagh Doss–Percorso Vita

Distanz	cirka 4,5 km
Aufstieg/Abstieg	45 m
Wanderzeit	cirka 2 Std.
Charakteristik	gepflegte Winterwege mit steileren kurzen Auf- und Abstiegen
Anreise/Rückreise	Postauto oder PW
Auskunft	San Bernardino Tourismus

Die Wanderung

Von San Bernardino Dorf aus wenden wir uns Richtung Süden und folgen dem markierten Winterwanderweg zum Lagh Doss. Von hier steigen wir auf dem Strässchen bis zum Wegweiser. Hier gehen wir nach rechts, weiter ansteigend zur Alpe de Pian Doss (1735 m) mit der herrlichen Südsicht. Nun gehen wir dem gewalzten Wanderweg entlang durch die abwechslungsreiche Wald-Weidelandschaft und kommen nach einer Viertelstunde auf den Percorso Vita. Nach einigen kurzen aber steilen Abstiegen gehen wir auf dem markierten Winterweg zurück zum Ausgangspunkt.

San Bernardino

Langläufer bei San Bernardino.

Weitere Vorschläge

San Bernardino–Acubona–Pian Cales–Alpe di Pian Doss–
San Bernardino cirka 2 Std.
Fornas–Lagh Doss–Alpe de Pian Doss–Fregeira–Lagh Doss–
Fornas cirka 3 Std.

Die Römer nannten ihn Mons Avium

San Bernardino, eine Fraktion der Gemeinde Mesocco, verdankt die ersten Besiedlungs- und Wegspuren den Römern die in grauer Vorzeit den Mons Avium (=Vogelberg) begingen. Möglicherweise ist der Pass zu diesem Namen gekommen, weil ihn die Vögel als Zugstrasse von und nach Afrika gewählt haben.

San Bernardino

Waldlandschaft beim Lagh Doss. **Originelle Kapelle in San Bernadino.**

Das Dorf San Bernardino soll bereits im 13. Jahrhundert dauernd besiedelt gewesen sein und hiess bis ins 14. Jahrhundert Gualdo del Gareda.

Wohl hat der Ort, neben dem Passverkehr, ab und zu lebhaftere Zeiten erlebt, wie zum Beispiel nach 1782, als man im Umkreis von 4 bis 5 Stunden von San Bernardino die ungenutzten Wälder zwei Mailänder Kaufleuten zum Preis von 40 000 Mailänder Lire (ML = 73 Rp.) zur Nutzung überliess. Um dieses Holz in die Lombardei zu schaffen, arbeiteten die Burratori (Holzakkordanten) mehrere Jahre mit 200 Holzern. Der jährliche Einschlag betrug 24 000 Blöcker (burre) zu 10–12 Fuss Länge. Diese wurden über Holzleiten in die Moesa befördert und in die Lombardei geflösst.

Die Mineralquelle, 1717 erstmals urkundlich erwähnt, wurde vor Jahren mit einer Abfüllanlage versehen, und das eisenhaltige Mineralwasser kommt heute unter dem Namen «San Bernardino» in den Handel und ist für Trinkkuren bei Verdauungsstörungen sehr geeignet.

Mit der Eröffnung des neuen Strassentunnels wurde San Bernardino auch für den Tourismus entdeckt und ist heute einer der schönsten Wintersportplätze auf der Alpensüdseite geworden.

Aber noch heute erinnert das Glöcklein, etwas versteckt im alten Dorfzentrum, an jene Zeiten, wo es während Schneestürmen ununterbrochen geläutet wurde, um verirrten Wanderern auf den Weg zum Hospize San Bernardino zu verhelfen.

8. Domleschg

Thusis–RhB Station Realta–RhB Station Rothenbrunnen

Distanz	cirka 6 km
Abstieg	75 m
Wanderzeit	cirka 3 Std.
Charakteristik	Ebene, Feldwege auf der Talebene, nach Schneefällen wird geräumt
Anreise	nach Thusis mit Postauto oder RhB
Rückreise	ab Rothenbrunnen mit RhB oder Postauto
Auskunft	Verkehrsverein Thusis

Die Wanderung

Den Bahnhof Thusis verlassen wir durch die Unterführung Richtung Compogna. Bei der ersten Querstrasse gehen wir nach links 300 m auf dem Trottoir, zweigen beim nächsten Wegweiser nach rechts Richtung Sils ab. Nach cirka 100 m gehen wir nach links, dann wieder rechts um den Wohnblock herum und kommen zuerst über die Wiese, nach cirka 80 m hinunter zum Fussballplatz, der sich in einer sehr schönen Auenlandschaft befindet. Nun folgen wir dem Weg auf einem schmalen Damm bis zu den Verankerungen der hölzernen Hängebrücke die den Rhein überquert.

Wir betreten diese Brücke jedoch nicht, sondern biegen scharf links durch den Föhrenwald und kommen bald auf offenes Gelände, wo die Sicht auf das Domleschg und den Heinzenberg frei wird. Weiter geht der Weg in nördlicher Richtung, rechts gesäumt von einer schönen Allee. Beim Anschluss der A13 Thusis Nord/Fürstenau unterqueren wir die Strasse, und bald liegt das Dorf Cazis mit dem Kloster links vor uns. Der Weg ist nun von hohen Pappeln gesäumt und führt über weite Felder nach Realta. Hier überqueren wir die Feldstrasse, die zum Rhein hinunter führt und gehen halbrechts, vorerst durch einen Nadelmischwald, dann über Felder am Zeughaus vorbei zum Bahnhof Rodels/Realta (643 m). Nun überqueren wir die Bahngeleise und folgen dem Strässchen rechts durch den Wald. Nach 200 m gabelt der Weg nach links zu den Stallungen der Anstalt Beverin und von hier geradewegs 3 km dem Kanal entlang zur RhB Bahnstation Rothenbrunnen (625 m).

Domleschg

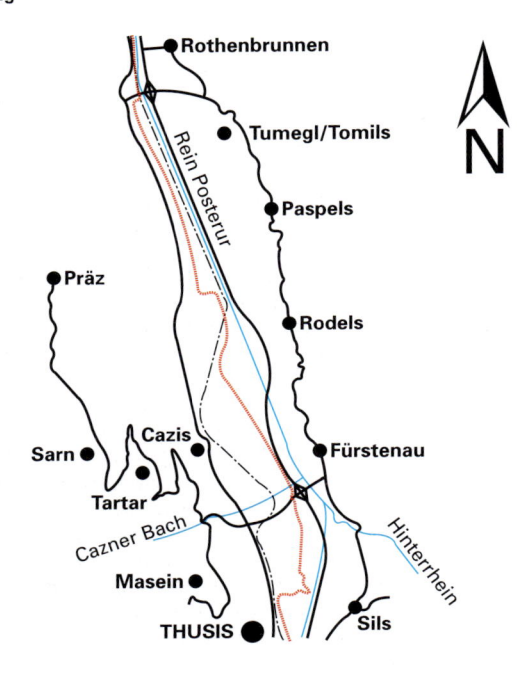

Weitere Vorschläge

Thusis–Sils–Scharans–Rodels–Thusis cirka 3½ Std.

Domleschg im Januarlicht

Thusis, das Tor zur Viamala, wurde immer vom Transitverkehr geprägt und war dabei ein wichtiger Marktort. Die heutigen Verkehrswege führen zwar südlich des Ortes vorbei über ein netzartiges Gewirr von Brücken. Dies brachte eine Entlastung aber die Bedeutung als regionaler Markt- und Einkaufsort ging nicht verloren. Das moderne Terminal von RhB und Postauto ist zukunftsweisend und einladend zugleich. Unten, am Hinterrhein, bevor sich die topfebenen Auen und Felder talauswärts dehnen, befindet sich der Naher-

Domleschg

holungsraum mit vielen Sport- und Campingplätzen. Selbst das gedämpfte Gebrumme des Verkehrs auf der A13 wird vom spärlichen Rauschen des Hinterrheins und von den verschneiten Auenwäldern absorbiert.

Der Rauhreif hängt in den Zweigen und am abgestorbenen Schilf. Knollen schwarzer Erde starren auf gepflügten Feldern aus dem spärlichen Schnee. Schwarze Raben sinken krähend aus dem Grau des Himmels auf die kalte Erde. Sie dulden einige Turmdohlen unter sich.

Drüben, auf dem schlichten Friedhof bei der Kirche St. Martin finden Erdenbürger, die ihr Leben fern von Familie und Gesellschaft verbringen mussten, ihre wohlverdiente Ruhe.

St. Martin ist wohl das älteste Gotteshaus der Gegend und soll im frühen Mittelalter entstanden sein. Die heutige Kirche mit dem romanischen Turm stammt aus dem 11. Jahrhundert.

Auch das Kloster Cazis, ein Dominikanerinnenstift, wurde bereits im 8. Jahrhundert gegründet. Die jungen Schwestern (Durchschnittsalter weit unter 50) pflegen eine enge Beziehung zur Bevölkerung. Sie lehren auf allen Stufen in verschiedenen Gemeindeschulen der Umgebung. Zudem erhalten Mädchen an der Haushaltschule St. Catharina eine anerkannt gute Ausbildung. Die Nachfrage nach diesen Ausbildungsplätzen ist so gross, dass leider nie alle Interessentinnen berücksichtigt werden können.

In der letzten Vormittagsstunde hat die Wintersonne gesiegt und die Landschaft beidseits des Hinterrheins mit ihrem blassen Licht verzaubert. Die Dörfer an den Abhängen des Heinzenberges und die Schlösser in den Hügeln des Domleschgs erhalten zunehmend Konturen, während die dunklen Wälder auf Pastellgrün gewechselt haben. Kreuzschnäbel klauben Samen aus den Föhrenzapfen und Gimpel suchen im Unterholz nach Futter. Drüben bei den Stallungen der Anstalt Beverin sind die «Borstentiere» an die Luft gekommen, wühlen im Mist und tun ihr Wohlbefinden mit einem behaglichen Grunzen kund. Hinter dem Gutshof, bei der ARA zieht sich ein Sprung Rehe aus der Wintersaat in das schützende Unterholz zurück.

Vor uns, bei Rothenbrunnen, rücken die Berge an den Hinterrhein, und der schmale Talgrund ist belegt mit Kraftwerk, Strassen, Bahn, Gewerbebauten und Dorf. Die A13, welche eine Entlastung für verschiedene Dörfer brachte, belastet heute Rothenbrunnen umso mehr. Der heilige St. Florian ist hier, sicher ungewollt, vorbeigekommen.

9. Splügen

Splügen–Sufers–Seerundgang–Splügen

Distanz	cirka 10 km
Aufstieg/Abstieg	90 m
Wanderzeit	cirka 2½ Std.
Charakteristik	leichter Weg mit geringen Auf- und Abstiegen durch Wiesen und Wälder
Anreise/Rückreise	A13 mit Postauto oder PW
Auskunft	Splügen/Rheinwald Tourismus

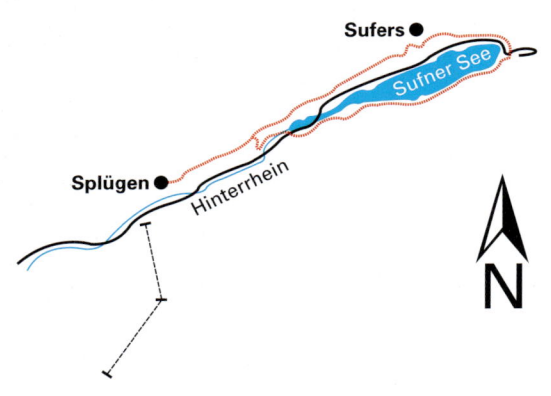

Die Wanderung

Der Ausgangspunkt der Wanderung ist der altehrwürdige «Bodenplatz» im Dorfzentrum von Splügen (1457 m). Von hier steigen wir hinauf zur evangelischen Kirche, die auf einer Anhöhe am oberen Dorfende liegt. Nun führt der historische Weg in östlicher Richtung zur Burg hinüber, die Freiherren von Vaz im 13. Jahrhundert erbauten. Von diesem strategischen Punkt aus bietet sich eine umfassende Aussicht über das Rheinwald zum Splügenpass. Wir folgen dem Weg weiter durch den Scabürawald und über die Wiesen von Gul nach Sufers (1426 m). Je nach Witterung kann man hier in der gemütlichen Gaststube, oder auf der Terrasse des Hotel Seeblick eine Rast einlegen. Anschliessend umrunden wir den Sufersersee – einen Stau-

Splügen

Splügen im Rheinwald.

see – und kommen durch den Göriwald zum oberen Ende des Sees auf die alte Kantonsstrasse und zurück nach Splügen.

Weitere Vorschläge

Splügen–Medel–Nufenen–Hinterrhein cirka 2½ Std.

Transitverkehr, Bergbau, Glasfabrik – und Tourismus

Wenn man sich heute auf dem Bodenplatz in Splügen umsieht, wird man unwillkürlich an die frühere Bedeutung des Ortes als Marktplatz und Passdorf erinnert.

Splügen lag schon zur Römerzeit an den Transitrouten, die über den Splügen und San Bernardino führten. 831 taucht «speluca» im karolingischen Reichsurbar auf und wurde darauf im 13. Jahrhundert von Süden her durch die Walser besiedelt.

Der intakte Dorfkern konnte dank der Stiftung «Pro Splügen» erhalten und in der Ortsplanung berücksichtigt werden. Noch harren die Handelshäuser der Renovation und einer zeitgemässen Nutzung. Sie wurden im 13. Jahrhundert durch die aus Pavia eingewanderten

Splügen

Handelsherren von Schorsch gebaut und dienten dem Güterumschlag und dem Markt. Pferde- und Kutschenstationen sahen hohe Gäste, aber auch fremde Truppen und anderes Gesindel auf der Durchreise. Bis zu 500 Saumpferde waren im Dorf stationiert.

Mit der Eröffnung des Gotthardtunnels im Jahre 1882 kam das Aus für das Rheinwald, und viele Leute waren gezwungen auszuwandern. Nun aber pulsiert das Leben wieder. Der Verkehr auf der A13 braust zwar am Ort vorbei, hat aber doch einen erfreulichen Aufschwung gebracht. Im Dorfkern ist eine idyllische Ruhe eingekehrt, es sei denn, ein Car entledige sich seiner Fahrgäste oder der Parkplatz fülle sich mit Autos von Passanten, die zur Mittagsrast einkehren. Gegen Abend kommen die braungebrannten Skifahrer von den Pisten ins Dorf zurück und klappern über das Klopfsteinpflaster ihren Unterkünften zu. Meist trifft man sich später wieder, denn auch nachts ist man in Splügen gerne unterwegs.

In Sufers, wo zwar keine touristischen Anlagen bestehen, nimmt der Tourismus immer mehr an Bedeutung zu. Die Gäste fahren zum Skifahren nach Splügen oder zum Baden nach Andeer. Zudem ist Sufers ein kleines Paradies für grosse Wanderungen in den Bergen der Umgebung, und der Stausee zieht in den schneefreien Monaten auch die Fischer an. Ein Hotel und die Ferienwohnungen stellen über 150 Betten zur Verfügung.

Wie im Laufe der Jahrhunderte ein Bergdorf mit Wandlungen konfrontiert wird, zeigt sich in Sufers sehr eindrücklich. Die Bergbauern- und Transitgemeinde Sufers vergab 1605 die Abbaurechte der Erze. Dies brachte dem Dorf unter dem Strich doch 48 Gulden und 30 Zentner Eisen ein. Nach verschiedenen Misserfolgen im Bergbau entstand um 1820 herum noch eine Glasfabrik. Damals lebten in der Sufner Schmelze mehr Leute als im Dorf selbst. Während der Dauer dieser Verträge wurde allerdings der «Schwarzwald» oberhalb der Schmelze total abgeholzt.

Anfangs dieses Jahrhunderts erwachte das Interesse an der Wasserkraft und bereits 1918 wurde eine Konzession erteilt. Die Verhandlungen zogen sich über Jahrzehnte dahin, und erst 1954, nachdem das grosse Rheinwaldprojekt abgelehnt war, konnte der endgültige Konzessionsvertrag abgeschlossen werden. Wohl hat der Stausee vor dem Dorf nicht nur Vorteile gebracht, aber die steigenden Logiernächtezahlen weisen doch darauf hin, dass Sufers allmählich ein beliebter Ferienort wird.

Kein Wunder, denn es lohnt sich wirklich, auch einmal Wanderungen von Sufers aus zu planen – und erst recht auszuführen.

10. Avers

Loretsch Hus – Vorder Bergalga – Alti Hütta

Distanz	cirka 5 km
Aufstieg/Abstieg	80 m
Wanderzeit	hin und zurück cirka 1½ Std.
Hinweise	eine Variante mit Rückweg
Charakteristik	Festgewalzter, markierter Schneeweg
Anreise/Rückreise	mit Postauto oder PW von Andeer oder Thusis
Auskunft	Avers Tourismus

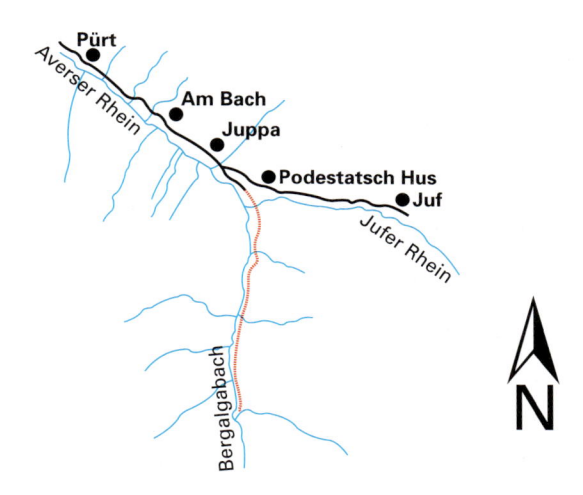

Winterwanderung ins Bergalgatal

Vom Loretsch Hus (2004 m) wandern wir in südöstlicher Richtung, überqueren nach 500 m den Jufer Rhein, der als kleines Rinnsal durch den tiefen Schnee gurgelt. 100 m weiter drüben am Hangfuss nimmt er den Bergalgabach auf. Nun weist uns die Wanderwegtafel ins Bergalgatal hinein. Auf dem festgewalzten Schnee ist das Gehen leicht und nach einer knappen Stunde ist man bei den Olta Stöfel (2074 m), (walserdeutsche Bezeichnung für «Alti Hütta»). Kein

Avers

Baum, kein Strauch lockert das Landschaftsbild auf, man ist allein mit sich und den weissen Bergen. Es ist gut, wenn man diese Wanderung in die Mittagsstunden legt, denn die Sonnenstunden sind dann in dem Süd-Nord gerichteten Tal am intensivsten.
Zurück geht man auf demselben Weg.

Weitere Vorschläge

Juf (2117 m), Rundgang auf der Talsohle

Walser und Wege im Averstal

Um in das wunderschöne Averstal zu gelangen, verlässt man die A13 beim Anschluss in der Roflaschlucht und fährt 20 km über Ausser- und Innerferrera bis Podestatsch Hus zum Ausgangspunkt dieser Winterwanderung. Hier trifft man auf einen Ferienort, der die Bezeichnung «klein und gemütlich» verdient. Skifahrer, Snöber, Carver, alle – sogar die kleinen Schlittler oder «Bobfahrer» – kommen an den sonnigen Hängen voll auf die Rechnung und finden sich zusammen wie eine grosse Familie. Also, man tut gut daran, an diesem einmaligen Ort ein paar Tage zu verweilen und mit dem Tal und seinen Bewohnern Zwiesprache zu halten.

Die ersten Walser zogen im 13. Jahrhundert vom Bergell ins Tal. Vor ihnen müssen aber bereits romanische Leute hier gelebt haben, wie die vielen Flurnamen wie Cresta, Pürt, Juppa, Juf bezeugen. 1928 fand man in Avers Cresta das «steinerne Grab», welches zeitlich ins fünfte oder sechste Jahrhundert eingeordnet wurde. Ein Hinweis also, dass das Averstal schon damals begangen wurde und/oder gar besiedelt war.

Wegen der Höhenlage von über 2000 m konnte Ackerbau nur sehr beschränkt betrieben werden, sodass die Averser nie Selbstversorger, sondern auf den Handel mit ihren Erzeugnissen aus der Viehzucht angewiesen waren. Umfangreiche Waldrodungen zur Gewinnung von Grasland führten dazu, dass der Holzmangel zum Problem wurde und man auf getrockneten Schafmist als Brennmaterial ausweichen musste.

Die strategische Lage des «Podestatsch Hus» am Ausgang des Bergalgatals, erinnert an das ehemalige Recht des Potestaten, vom Transitverkehr über den Duanpass (von Dogana), Zoll zu erheben.

Avers

Das verträumte Avers-Cresta.

Weitere Verbindungen führten über die Forcellina zum Septimerpass, über den Pass di Lei nach Savogno (Italien) und direkt nach Chiavenna hinunter und durch das Val Madris zum Prasignolapass nach Soglio. Die wichtigste Verbindung der Averser aber war der Stallerberg, weil sie bis zum Kirchenbau in Cresta zu «Stalla», Bivio, gehörten.

Dieses uralte Wegnetz der frühesten Siedler bietet im Sommer vielfältige Möglichkeiten für uns Bergwanderer. Es schafft verlockende Verbindungen mit Talschaften südlich und nördlich des Alpenkammes.

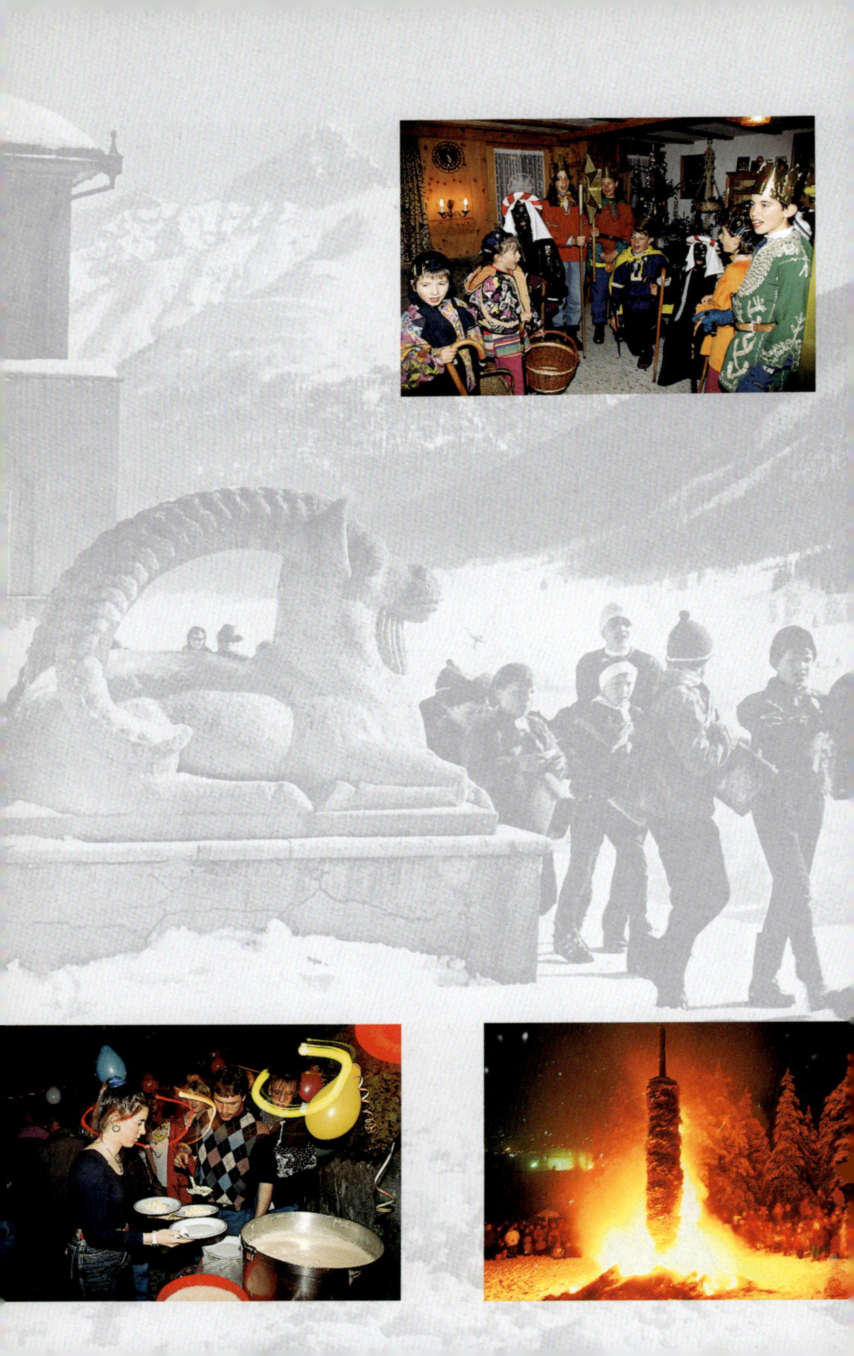

Den Winter bodigen

Der Winter brachte unseren Vorfahren kein besonderes Vergnügen. Eine lange, in den Bergen besonders lange Zeit mussten Mensch und Tier von den im Sommer angelegten Vorräten zehren. Auch verloren viele im harten Winter mit Lawinen und Schneerutschen ihr Leben. Es wundert deshalb nicht, dass schon seit Urzeiten versucht wurde, den Winter zu vertreiben und den Frühling besonders laut zu begrüssen. Bei den meisten dieser Bräuche ist besonders die Jugend gefordert. Oft beginnen die Arbeiten schon Tage vor dem eigentlichen Fest. Besonders beliebt sind Bräuche, bei denen die Funken fliegen oder ein Feuer lodert, als ob damit der Schnee zum Schmelzen gebracht werden könnte. Dank initiativen Jugendlichen sind so Bräuche wie der «Om strom» im Unterengadin, der «Bschuri» im Rheinwald, das «Scheibenschlagen» in Untervaz, der «Chalanda marz» im Engadin und andere mehr nicht in Vergessenheit geraten.

Arosa–Chur–Bündner Herrschaft

Chur ist die Hauptstadt Graubündens und eine der ältesten Schweizerstädte überhaupt. Sie ist in den letzten Jahrzehnten stark expandiert. Wohl schmiegt sich die Altstadt seit über 2000 Jahren in den Eingang des Schanfiggtals, aber auf dem Schwemmkegel der Plessur, zwischen Planggis und Masans, entstand seit den 50er Jahren Quartier um Quartier mit Hunderten von Wohnungen und Tausenden von m² Gewerbeflächen aus privater Initiative. Heute zählt die Stadt rund 33 000 Einwohner. Das Altstadtbild hingegen blieb trotz einer regen Bautätigkeit recht gut erhalten und es lohnt sich immer einen Rundgang zu machen. Viele Überraschungen sind bereit, entdeckt zu werden in den engen Gassen und in den Museen. Als noch die ganze Viehhabe in der Stadt untergebracht war und noch keine Kanalisation existierte, wurde Chur oft von Seuchen und Epidemien heimgesucht. Im Schanfiggtal, das die Walser von Davos her besiedelten und kultivierten, fand man auch Spuren der Römer, die im 4. Jahrhundert in St. Peter sesshaft waren. Es wird vermutet, dass im 5. Jahrhundert nach dem Zusammenbruch des römischen Reiches nördlich der Alpen, die Legionen mit den Siedlern zurückströmten und zum Teil in den Rheintälern sesshaft wurden. Es wird weiter angenommen, dass der Obst-, Wein- und Ackerbau im Zusammenhang mit dieser Einwanderung eingeführt und das Land ausgebaut wurde.

1464 wurde die ganze Stadt durch eine Feuersbrunst zerstört. 1574 brach in der heutigen Poststrasse ein weiteres Schadenfeuer aus und zerstörte 174 Häuser und 114 Ställe.

1798 wurde Chur abwechslungsweise von den Österreichern und den Franzosen geplündert. Im Oktober 1799 lagerten Suworows Truppen nach der Überquerung des Panixerpasses auf der Quader. Seit 1803, mit dem Eintritt Graubündens in die Eidgenossenschaft, ist Chur Hauptstadt geworden und entwickelte sich zum Zentrum Graubündens.

Die Fülle der Wandermöglichkeiten von Chur aus ist fast unerschöpflich. Man kann sich auf die Spuren der Kelten, der Römer oder der Walser begeben und immer wieder neue Entdeckungen machen.

Das Bergkirchlein von Inner-Arosa.

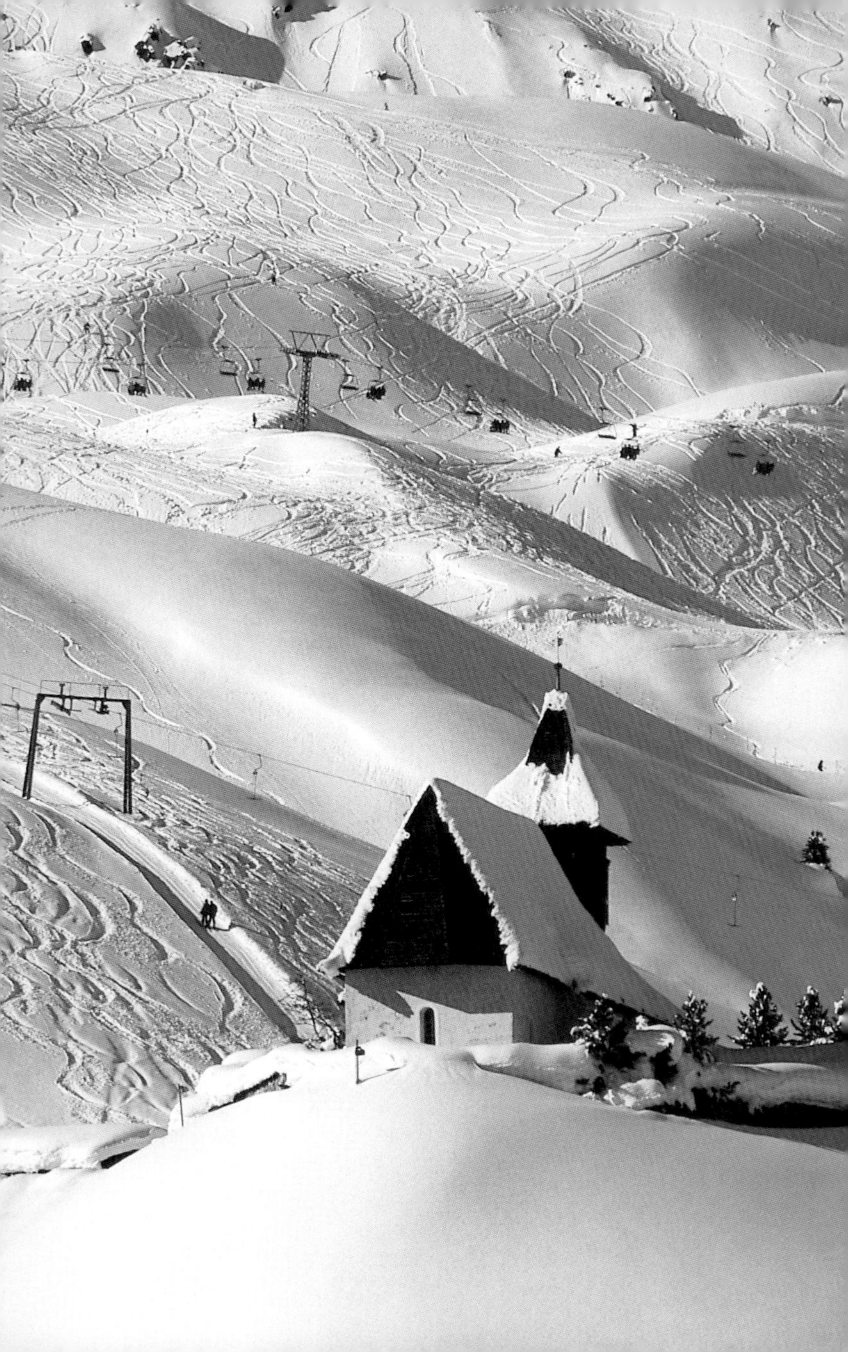

11. Arosa

Prätschli–Weisshorn Mittelstation–Alpenblick–Inner Arosa

Distanz	cirka 5,5 km
Höhendifferenz	Aufstieg 123 m, Abstieg 179 m
Wanderzeit	cirka 2½ Std.
Charakteristik	aussichtsreicher Panoramaweg mit leichtem Auf- und Abstieg
Hinweise	Gratisbus Bahnhof–Prätschli und Innerarosa–Bahnhof
Anreise/Rückreise	RhB oder PW nach Arosa
Auskunft	Arosa Tourismus

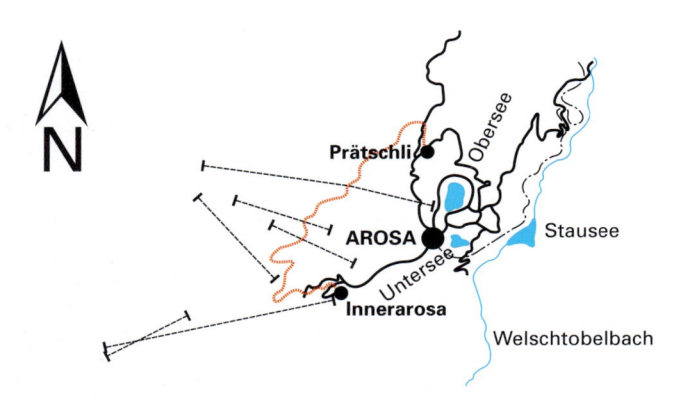

Die Wanderung

Vom Prätschli (1908 m) aus folgen wir dem Wegweiser der zur Weisshorn Mittelstation weist. Nach wenigen Minuten zweigen wir nach links ab und kommen durch einen typischen «Erica/Bergföhrenwald» in dem oft schon im Hochwinter rotblühende Erica (Erica carnea) an stark besonnten Stellen zwischen den Föhren leuchten.

Auf dem sorgfältig präparierten Weg ist das Wandern ein Vergnügen. Die Überquerungen der vielen Skipisten sind übersichtlich angelegt und gefahrlos. Schmucke Pferdeschlitten verkehren von In-

Arosa

nerarosa zum Prätschli und weiter nach Arosa. Es wird aber darauf geachtet, dass der Schnee auch auf dem Weg weiss bleibt. Bravo!

Von der Weisshorn-Mittelstation (2015 m) folgt der Weg über Mittleren Hütte (2032 m) genau den Höhenkurven, dann leicht fallend zum Restaurant Alpenblick (1950 m) und weiter nach Innerarosa (1894 m), von wo der Gratisbus wieder zum Bahnhof fährt.

Weitere Vorschläge

Arosa–Untersee–Stausee–Litzirüti cirka 1 Std.
Innerarosa–Tschuggen–Obere Waldpromenade–Hof Maran cirka 1 Std.
Litzirüti–Langwies–Sapün cirka 3 Std.
Prätschli–Maraner Alp–Rot Tritt–Scheidegg–Maraner Alp–Prätschli cirka 3½ Std.

Von der Walsersiedlung zum Weltkurort

Urkundlich wurden die romanischen Bauernhöfe Merans (Maran) und Pradaz (Prätschli) am Anfang des 13. Jahrhunderts erwähnt. Sie gehörten den Klöstern Chur und Churwalden. Um 1300 wanderten die Walser von Davos her ein und besiedelten die Gegend von Arosa mit sieben oder acht Höfen. Im 16. Jahrhundert verkauften die Bauern ihre Weiden und Wiesen an die Städte Chur und Maienfeld.

Als jüngste selbständige Schanfiggergemeinde wurde Arosa erst 1851 gegründet und umfasste damals 56 Einwohner. Bis 1875 erreichte man Arosa von Chur aus auf einem Saumpfad. 1877 wurde die Poststrasse bis Langwies eröffnet und erst ab 1890 konnte Arosa von Chur aus auf der neuen Poststrasse erreicht werden.

In dieser Zeit entdeckte der deutsche Arzt Otto Herwig von Hanau in Arosa das vorzügliche Höhenklima und baute 1888 das erste Sanatorium. Damit legte er den Grundstein zum heutigen Weltkurort. Drei weitere Sanatorien, 23 Hotels und Pensionen mit 750 Gästebetten wurden bis 1900 gebaut, und die Bevölkerung wuchs um das 20-fache auf 1071 Einwohner an. Im gleichen Jahr tauchte auch der erste Skiläufer auf, und Arosa entwickelte sich auch zu einem Wintersportort. Nach der Eröffnung der Arosabahn am 12. Dezember 1914 beschleunigte sich das Wachstum, sodass der Kurort 1930

Arosa

Blick über Inner-Arosa.

bereits 3 466 Einwohner und 3 500 Gästebetten zählte.

Dass solche Entwicklungen auch zu Problemen führen mussten, zeigt sich dran, dass 1916 der Hotelierverein ein Hotelbauverbot erliess, was allerdings undurchführbar war.

Den überbordenden Bauboom der 50er und 60er Jahre versuchte man einzudämmen, indem man den Verkauf von Grundeigentum an Ausländer verbot. Heute sucht man das touristische Angebot qualitativ zu verbessern und so ein gesundes Wachstum zu erreichen.

Die Anstrengungen sind enorm. Als Beispiel für die Herausforderungen, denen sich ein moderner Kurort zu stellen hat, erwähnen wir die Bereitstellung des Trinkwassers für 30 000 Personen (in Spitzenzeiten) und die Entsorgung des Abwassers.

12. Hochwang

Pagig–Sulsch–Fastäz–Triemel–Skihaus Hochwang

Distanz	cirka 7 km
Aufstieg	634 m
Wanderzeit	cirka 3 Std.
Charakteristik	gepflegter Wanderweg. Abstieg, gleicher Weg oder ab Triemel mit Sessellift bis Fatschel
Anreise/Rückreise	von Chur mit Postauto oder PW bis Pagig
Auskunft	Sportbahnen und Schanfigg Tourismus
Restaurant	Station Triemel und Skihaus Hochwang

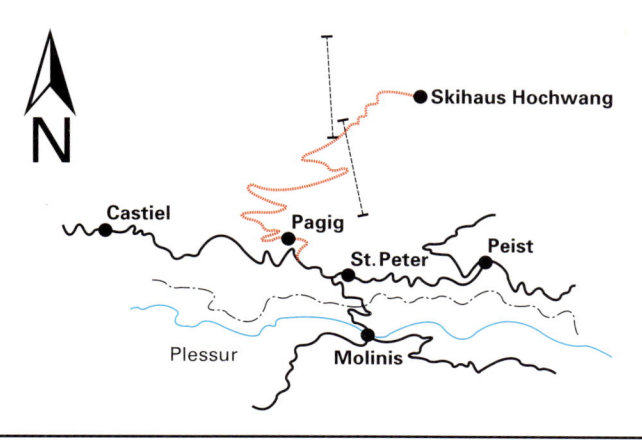

Die Wanderung

Ausgangspunkt für diese Wanderung ist die Posthaltestelle Pagig (1253 m). Auch Parkplätze für den PW befinden sich gleich daneben. Vorerst steigen wir zum schön gelegenen Dorf (1324 m) an, wo wir an Fassaden einiger Holzhäuser die Jahrzahlen und sinnige Haussprüche entziffern. Oben im Dorf kommen wir auf den Winterweg, der in vielen Kehren durch Wiesen und Wälder bergan führt. Die braungebrannten «aufgetröhlten» Hütten von Sulsch (1534 m) und Spina (1752 m) verraten die Walserkultur. Im Triemel (1851 m) tum-

Hochwang

melt sich an schönen Tagen das bunte Volk der Sportler im Schnee. Jung und alt, ob Snöber, Carver oder Schlittler finden an den sonnigen Hängen des Hochwang ihr Vergnügen.

Wir durchqueren diesen fröhlichen Tummelplatz und wandern über weite Schneefelder dem Skihaus Hochwang (1958 m) zu. Hier, am Ziel unserer Wanderung, halten wir Mittagrast und geniessen ein Sonnenstündchen (es war eher eine «Sternstunde»), bevor wir auf dem gleichen Weg zum Ausgangspunkt zurückkehren, oder über Zerfalta nach Peist (1½ Std.) gelangen.

Weitere Vorschläge

Fatschel–Triemel–Pagig cirka 2½ Std.

Pagig und Pagiger

Pagig liegt, abgeschirmt vom Talverkehr, auf einer sonnigen Geländekuppe und ist mit cirka 70 Einwohnern (Tendenz steigend) und 540 ha Bodenfläche eine der kleinsten aber ältesten Gemeinden im Schanfigg.

Das Dorf war in der Mitte des letzten Jahrhunderts von einer starken Abwanderung betroffen. Dank Zuwendungen aus der Schmidheiny- Stiftung konnte in den siebziger Jahren die Wasser- und Stromversorgung neu erstellt werden. Auch das Schulwesen und die Verwaltung wurden mit den zwei Nachbargemeinden Molinis und St. Peter neu organisiert. Die Bevölkerungszahl erhöhte sich in der Folge von 43 Personen 1968 auf 77 Personen 1983.

Nicht immer war das Leben in Pagig so gut wie heute. Pestzeiten und Hungersnöte suchten die Gemeinde Pagig heim. Was tüchtige Menschen zu leisten vermögen, wenn sie in grösste Not geraten, zeigt das Beispiel des Pagiger Kunstschlossers Johann Badrutt. Als die grosse Hungersnot von 1817 auch Pagig heimsuchte, loste man aus, wer von den 200 Einwohnern auswandern müsse. Das Los traf unter anderen auch die Familie Badrutt. Johann emigrierte mit den Seinen über den Albulapass nach Samedan. Hier fand er vorerst als Baumeister sein Auskommen und wurde später, zusammen mit seinen Söhnen, zum Begründer der berühmtesten Hoteldynastie Graubündens. Noch heute befindet sich das Palace Hotel St. Moritz im Besitz seiner Nachkommen.

13. Chur

Rossboden–Felsberg–Rossboden

Distanz	cirka 6 km
Aufstieg	8 m
Abstieg	8 m
Wanderzeit	cirka 1½ Std.
Charakteristik	feinbekiester Wanderweg auf dem Rheindamm durch Wald und Felder – auch Veloweg
Anreise/Rückreise	Churer Stadtbus oder PW nach Rossboden/Obere Au
Auskunft	Chur Tourismus

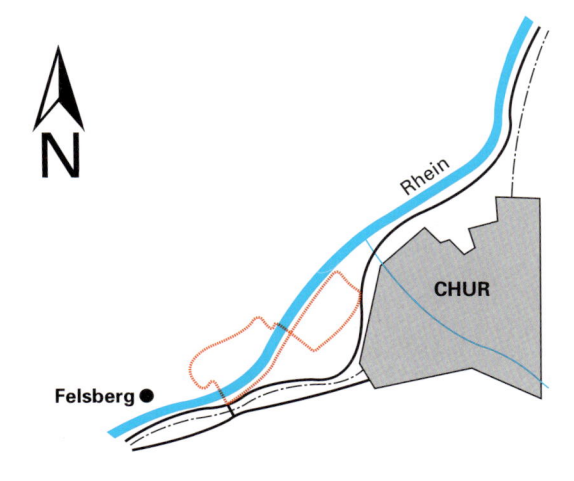

Die Wanderung

Von Chur aus fährt man mit dem Stadtbus oder PW zum Parkplatz Obere Au, zum Ausgangspunkt der Wanderung. Von hier gelangt man zum Dammweg am Rhein. Wir halten nach links flussaufwärts und überqueren den Rhein. Durch ein Gehölz wandern wir zu den Neugütern am Fusse des Calanda und weiter dem Hangfuss entlang

Chur

nach Felsberg, dessen Häuser um den Kirchhügel durch den Bergsturz von 1843 verschüttet wurden.

Nun können wir auch auf der rechten Seite des Rheins zum Ausgangspunkt zurück wandern.

Weitere Vorschläge

Chur–Fürstenwald–Trimmis–Chur cirka 2 Std.

Chur, das Tor zu Graubünden

Da ist die reizvolle Altstadt mit dem Hof und dem dominierenden Turm der Martinskirche, dem Obertor mit dem «Liseli» im Türmchen, wie die Churer das Glöckchen dort oben liebevoll nennen. Jenseits der Plessur liegt das Quartier des Welschdörfli.

Die Reichsgasse zieht sich vom Untertor her am Grauen Haus vorbei zum Martinsplatz. Von hier aus gelangt man zum sehenswerten Arcasplatz und zum Metzgertor. Noch immer gibt es für Churer und Gäste vieles zu entdecken, zu bestimmen und zu verstehen.

Vom Metzgertor aus folgen wir der Plessur abwärts, durch immer neuere Quartiere zur Ringstrasse, biegen in die Pulvermühlestrasse ein, wo vor vielen Jahren der alte Pulvermüli-Camenisch noch Schwarzpulver für die Steinbrüche in der Umgebung herstellte. Wir kommen zum Rhein, wo die Sonnenstrahlen blass im Rauhreif glitzern.

Felsberg

Etwas später, weiter flussaufwärts, überquert man den Rhein und steht vor dem Calanda der sich majestätisch über dem Dorf Felsberg aufrichtet. Der Ertrag aus dem Gold im Calanda stand nie in einem Verhältnis zu den Schäden, die er durch Bergstürze und Steinschläge verursachte. Doch die Felsberger sind mit den Naturgewalten vertraut. Die Felsstürze des Calanda und die gewaltigen Hochwasser des Rheins, verbunden mit schlecht bezahlter Flösserarbeit auf dem Rhein, bereiteten zwar immer wieder grosse Sorgen, aber die Lebensfreude der Dorfbewohner vermochten sie nie zu brechen. Volksmusik tönt aus den Stuben. Ob Bundesrat oder Handwerker, jeder

Chur

Das winterliche Chur im Abendkleid.

greift spontan zum Bass, Schwyzerörgeli oder Klarinette, wenn eine Feier ins Haus steht. Wer hat schon die Wucht von vier Bassgeigen erlebt, die in einer getäferten Felsbergerstube liebliche Weisen von zwei Schwyzerörgeli begleiten? – Ein wahrhaft kräftiges Gericht.

Von 1817 bis 1901 wurden in Felsberg 226 Glocken gegossen, von denen das zehn Tonnen schwere Geläute der Churer Martinskirche das bedeutendste Erzeugnis ist. Ob dies 1898 den Orgelbauer Jakob Metzler anspornte, in Felsberg eine Orgelbauwerkstatt einzurichten, ist nicht bekannt. Aber die Firma hatte Bestand, denn der Sohn Albert übertrug die Werkstatt 1968 an den neuen Inhaber Robert Freytag.

Den Anbau von Wein hat man 1971, nach langem Unterbruch, wieder aufgenommen. Produziert wird der rote «Glockengiesser» und der weisse «Goldene Sonne». Früher zogen die Felsbergerinnen ein vorzügliches Gemüse, das in den bürgerlichen Küchen der anspruchsvollen Churerinnen sehr beliebt war.

Gemüse, Gold, Glocken, Wein und Orgeln sind eine originelle Kombination von Produkten, wie sie wohl selten auf so engem Raum wie in Felsberg geschöpft und hergestellt worden sind.

14. Herrschaft

Landquart–Malans–Jenins–Rofels–Maienfeld

Distanz	cirka 10 km
Höhendifferenz	100 m
Wanderzeit	cirka 2 Std.
Charakteristik	leichte Wanderung über Felder, durch Wälder und Dörfer
Wegbeläge	Naturträsschen, Waldwege und Teilstücke mit Asphalt
Anreise	mit SBB, RhB oder PW nach Landquart (Parkplätze beim Bahnhof)
Rückreise	Maienfeld oder Landquart mit SBB
Auskunft	Tourismus Bündner Herrschaft

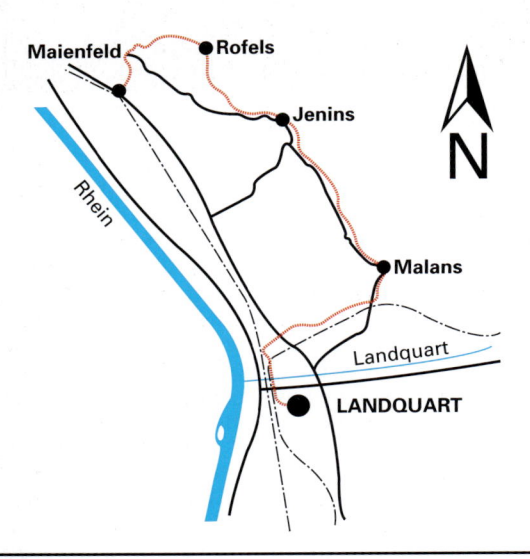

Die Wanderung

Vom Bahnhof Landquart (525 m) gehen wir in nördlicher Richtung zur Eisenbahnbrücke, die über die Landquart führt. Wir benützen

Herrschaft

Reben in der Bündner Herrschaft.

den Fussgängersteg und folgen dem anschliessenden Feldweglein dem Bahndamm entlang bis zur Anschlussstrasse A13-Tardisbrücke. Diese verkehrsreiche Strasse müssen wir ohne Fussgängerstreifen überqueren. Wir gehen links am Wegweiser vorbei Richtung Malans. Nach 50 m zweigen wir nach rechts ab und wandern cirka 500 m auf dem Feldweg zur Verbindungsstrasse Maienfeld–Landquart, welche wir ebenfalls überqueren, und kommen in das Gelände der historischen Rohan-Schanze. Diese Festungsanlage hat zur Zeit der Bündner Wirren eine strategische Rolle gespielt. Nachdem wir dieses Gelände verlassen haben, gehen wir in östlicher Richtung und folgen dem Feldweg, der zum Weinbauerndorf Malans hinüberführt. Schliesslich wandern wir dem Strässchen am Mülibach entlang, der von der Gemeinde für Energiegewinnung genutzt wird.

Nachdem wir die Verbindungsstrasse Landquart–Malans überquert haben, steigen wir zum Dorfzentrum hinauf. Bald weist ein gelber Wegweiser nach links in eine verkehrsarme Gasse hinein, und

Herrschaft

wir erreichen durch Reb- und Baumgärten den oberen Dorfteil Degen. Hier zeigt der Wegweiser nach Jenins in den Wald hinein und unsere Route verläuft vorerst parallel zur Autostrasse Malans–Jenins. Mächtige Buchen dominieren im artenreichen Baumbestand. Es empfiehlt sich, den gelben Farbzeichen zu folgen. Beim Austritt aus dem Wald fällt über uns die Ruine des Schlosses Wynegg und hoch oben am Berg diejenige von Aspermont auf.

Nun geht es vorerst über die Wiese zum Schiessstand hinunter und wieder in den Laubwald hinein. Weiter folgen wir dem gelb markierten Weg cirka 100 m dem Selfibach aufwärts, bevor wir auf einer Quartierstrasse ins Dorfzentrum von Jenins kommen. Jenins ist mit 630 m die höchste Herrschäftler Gemeinde und wie Malans, Maienfeld und Fläsch vom Weinbau geprägt.

Von hier folgen wir dem Weg an der Post vorbei durch Weinberge, Wiesen und Felder nach Rofels und dann abwärts zu unserem Ziel, nach Maienfeld, dem nördlichsten Städtchen Graubündens.

Für den Rückweg nach Landquart können wir den Zug oder das Postauto wählen.

Weitere Vorschläge

Landquart–Mastrils–Untervaz/Müleli–Rheinbrücke–Zizers/ Fridau–Station Igis RhB–Landquart cirka 3½ Std.

Winter in der Herrschaft

Die Herrschaft am Nordeingang zum Kanton Graubünden gelegen, umfasst die Gemeinden Fläsch, Maienfeld, Jenins und Malans, und diese vier Gemeinden sind es auch, die zum Kreis Maienfeld gehören. Tradition und Brauchtum sind in den Dörfern lebendig. Wie der Hauptort Maienfeld, so hatte die ganze Herrschaft, neben dem berühmten Weinbau, auch als einmalige Wohnlage schon immer einen wohlklingenden Namen. Waren es vor Jahrhunderten die von Grafenberg, von Aspermont, von Wynegg, von Brandis, von Toggenburg, die in der Gegend Wohnsitz hatten, so bevorzugen heute Akademiker gerne diese einmalige Wohnlage.

Dank einer starken Landwirtschaft, vom Wein- und Obstbau geprägt, blieb die Herrschaft in ihrer natürlichen Schönheit erhalten. Dies und das milde Klima sind Grund genug, dass das ganze Jahr

Herrschaft

Abendstimmung bei Jenins.

über viele Ausflügler gerne zu Besuch kommen, wobei die Blütezeit im Frühling und die Zeit der Weinlese im Herbst bevorzugt werden. Sie kommen im Auto, zu Pferd, mit dem Bike, auf Inline-Rollen oder in Wanderschuhen.

Zur Winterzeit, wenn die Arbeit auf den Feldern ruht, werden die Touristen spärlicher. Aber es muss ja nicht immer die lachende Sonne sein, die eine Landschaft reizvoll macht, auch die seltenen grauen Hochnebeltage im Dezember und Januar schaffen Winterstimmungen, die für Wanderer zum Erlebnis werden. Besonders eindrücklich ist es dann, durch Felder, Weinberge und Wälder zu ziehen. Die Landschaft wirkt wie das Schwarzweiss einer Kohlezeichnung – schattenlos. Dunkle Nadelbäume heben sich von den kahlen Laubbäumen ab. Schwarze Raben lassen sich krächzend auf die eingeschneite Wiese nieder. Es ist, wie wenn die Dörfer tief Atem holten für das geschäftige Treiben des kommenden Frühlings. Natürlich sind wir nicht alleine unterwegs. Da und dort gibt es einen Keller oder einen Torkel zu besichtigen, die Produkte der vergangenen Jahre zu degustieren oder in einer der gastlichen Herrschäftlerstuben bei einem Imbiss Wärme zu tanken. Oft löst sich am Nachmittag die Hochnebeldecke auf und die Wintersonne lässt durch einen Dunstschleier die Pastellfarben des Winters aufleuchten. Hie und da brummt ein Traktor auf den Wiesen und bringt Dünger aus. Auf dem Birnbaum sitzt ein Bussard und hofft auf die Gelegenheit, sich eine Mahlzeit zu erjagen.

Das alles sind Mosaiksteinchen, die sich zu einem wunderschönen, winterlichen Wandererlebnis zusammenfügen.

Humoristische Eisbrecher

Dass Humor die kalten Wintertage etwas aufwärmen kann, ist nicht erst seit der Erfindung des Fondue bekannt. Plauschskirennen, vor allem um die Fasnachtszeit und der berühmte Clown auf dem Eis erheitern das Publikum. In jüngerer Zeit erfreuen sich Wettfahrten mit halsbrecherischen Konstruktionen, welche meist nach kurzer Fahrt auseinanderfallen, zunehmender Beliebtheit. Eine besondere Stellung nimmt das vor einigen Jahren ins Leben gerufene Humorfestival in Arosa ein. Immer im Dezember treffen sich Künstler des feinen oder lauten Humors in einem Zirkuszelt im Schnee. Ein von Jahr zu Jahr zunehmendes Publikum hat dabei Gelegenheit, neben bekannten Kabarettisten auch noch junge Menschen kennenzulernen, welche sich auf das glitschige Podium des Humors wagen.

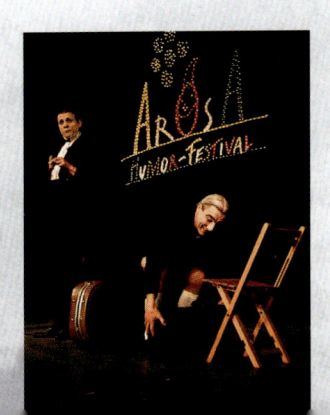

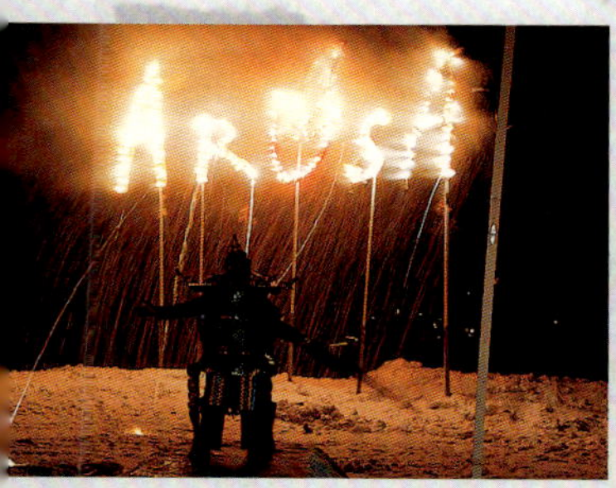
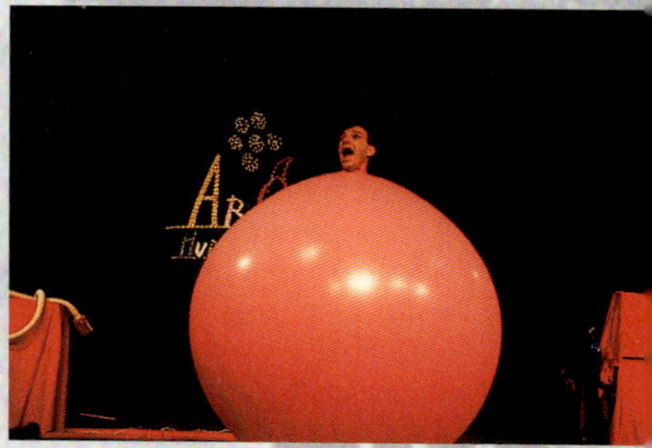
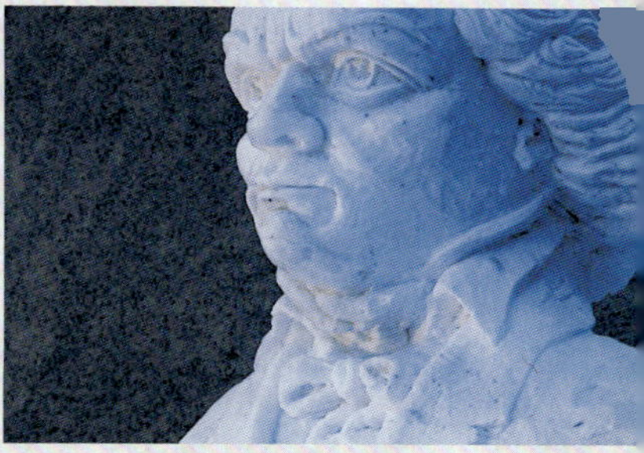
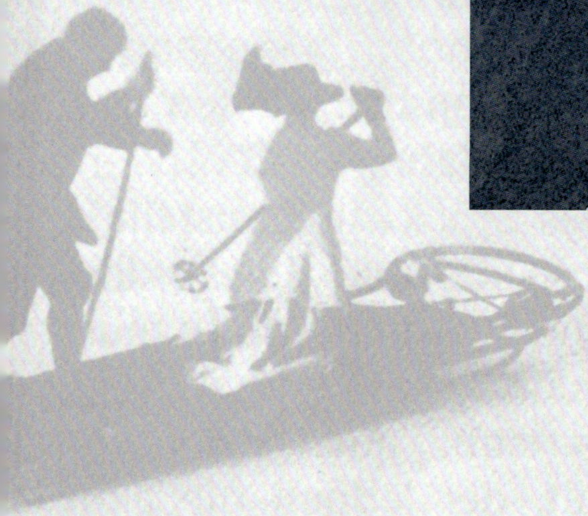

Davos-Prättigau

Das Prättigau und die Landschaft Davos setzen sich aus den sieben Kreisen Davos, Jenaz Klosters, Küblis, Luzein, Schiers und Seewis mit insgesamt 16 Gemeinden zusammen. Mit einer Fläche von cirka 800 km^2 (entspricht dem Kanton Neuenburg) und einer Bevölkerung von rund 27 000 vorwiegend reformierten Einwohnern ergibt sich eine Besiedlungsdichte von cirka 30 Personen pro km^2. Diese leben vorwiegend vom Tourismus oder sind in vom Tourismus abhängigen Gewerbebetrieben tätig.

Der Hauptzugang zum Prättigau führt durch die Chlus bei Landquart. Strassenverbindungen gibt es ausserdem von Davos aus ins Engadin (über den Flüelapass) und hinunter ins Albualtal (durch die Zügenschlucht). Die Strecke der Rhätischen Bahn führt ebenfalls von Landquart aus über Klosters, Davos nach Filisur und verbindet sich dort mit der Albulalinie. Ab 1999 nimmt mit dem Vereinatunnel zusätzlich eine moderne, rollende Strasse zum Engadin den Betrieb auf, was vor allem im Prättigau zusätzlichen Durchgangsverkehr bringen dürfte.

Ein Dutzend weitere, historische Verkehrsverbindungen bestanden einst mit dem österreichischen Montafon, dem Schanfiggtal, dem Unter- und Oberengadin und dem Albulatal.

Die Kulturlandschaft des Prättigaus und der Landschaft Davos ist das Resultat menschlicher Arbeit, die von vielen Generationen über Jahrhunderte ausgeführt wurde. Die unzähligen romanischen Flur- und Ortsnamen weisen auf die frühe Besiedlung durch die Rätoromanen hin. Die deutschsprachigen Walser, die ab dem 13. Jahrhundert in die «Wildinen von Tavas» einzogen, breiteten sich über das Schanfiggtal ins Prättigau und weiter nach Montafon aus. Die alteingesessene romanische Bevölkerung übernahm im Laufe der Zeit die Sprache der eingewanderten, deutschsprachigen Walser.

Noch heute bemerkt man ausserhalb der sich immer mehr ausbreitenden Dörfer und der «Stadt» Davos die alten Streusiedlungsformen der Walser. Die Weiler und Höfe mit ihren braungebrannten, «aufgetröhlten» Häusern, Ställen, Maiensässen und Heubargen ergeben das charakteristische Siedlungsbild des Prättigaus und der Landschaft Davos.

Davos von der Schatzalp aus gesehen.

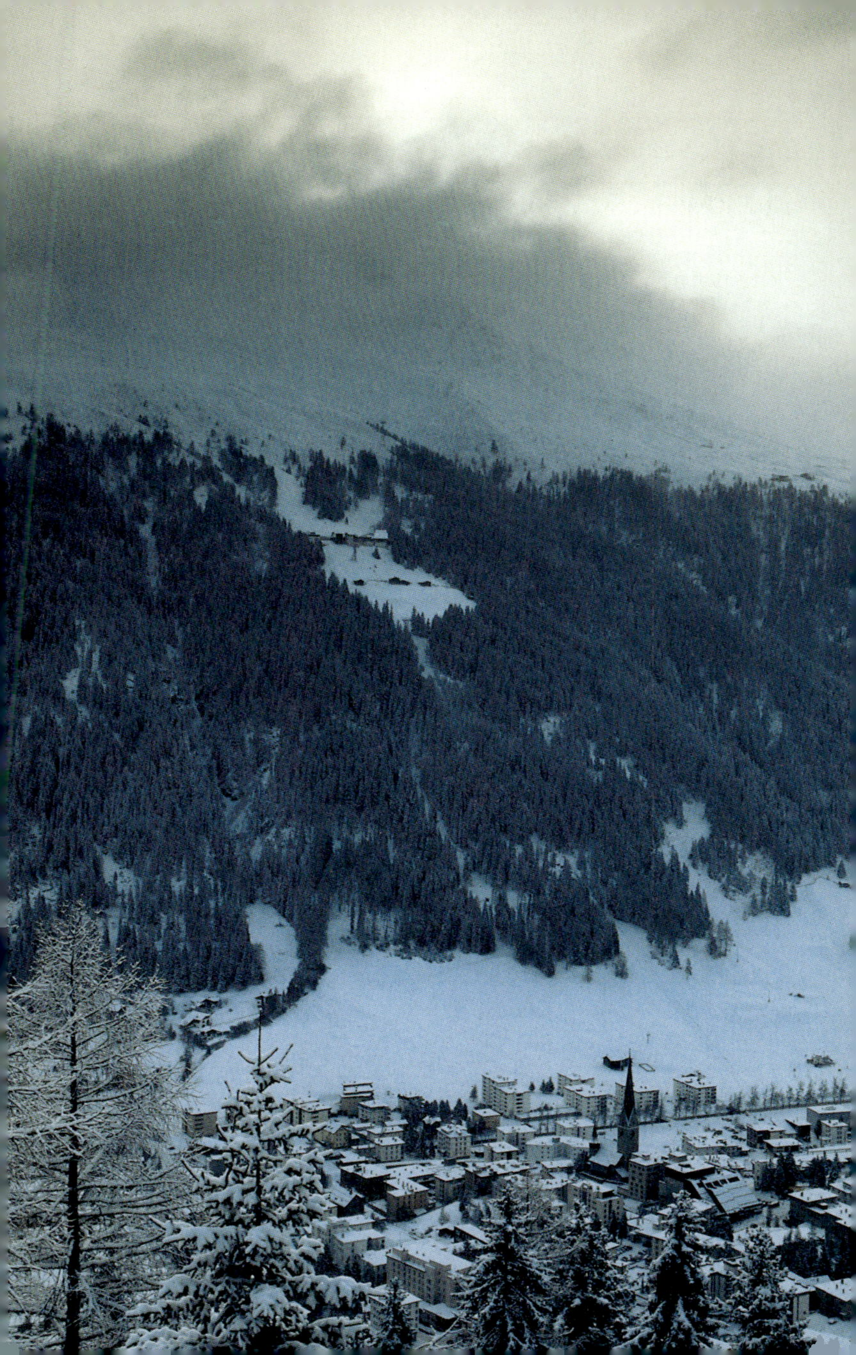

15. Klosters

Klosters Platz–Monbiel–Pardenn–Garfiun

Distanz	cirka 6,5 km (retour 13 km)
Höhendifferenz	cirka 194 m
Wanderzeit	cirka 2½ Std.
Charakteristik	gepflegter Winterweg entlang der Talsohle und an der südlich gerichteten Talflanke ohne steile An- und Abstiege
Restaurant	in Monbiel und Garfiun
Anreise/Rückreise	mit PW oder RhB Landquart–Davos
Auskunft	Klosters Tourismus

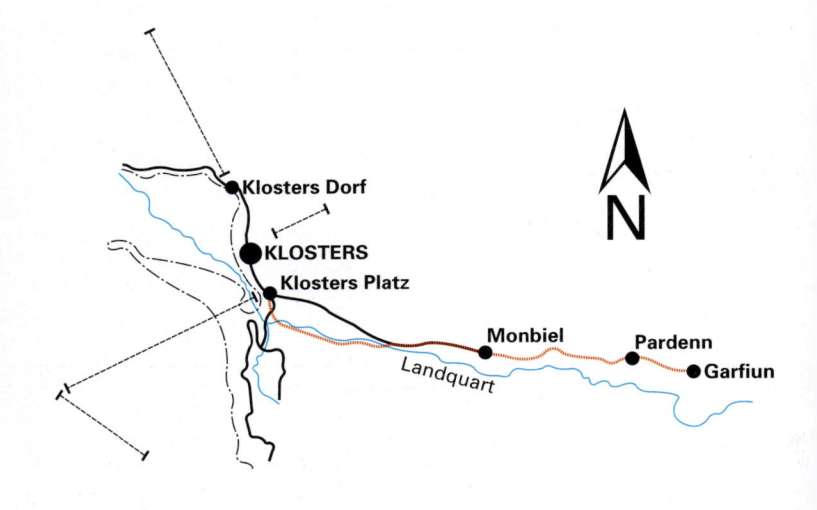

Die Wanderung

Vom Bahnhof Klosters Platz folgt man der Bahnhofstrasse bis zur Hauptstrasse, dann geht man nach rechts hinunter und biegt nach cirka 60 m in die Talbachstrasse (hier grosser Parkplatz für PW). Nun folgt man dem Winterwanderweg der Landquart flussaufwärts, überquert die Strasse bei der Aeujabrücke und geht paralell zur Fahrstrasse bis zum Schulhaus weiter. Nun führt der Weg über die schönen Wiesen hinauf zum Weiler Monbiel (1291 m) mit seinen ursprünglichen Prättigauer Häusern und Ställen. Hier befindet sich auch das Ende der Postautolinie Klosters-Monbiel. Nun wandert man auf dem Fussweg über Weiden und durch Wälder taleinwärts und kann die Landschaft ungestört geniessen. Bereits in der Baretschrüti kann man beim originellen Imbiss-Schlitten verbrauchte Energien ergänzen oder sich einfach einen schönen Tag wünschen. Weiter hinten, bei Schwendi oder auf der Alp Pardenn, lassen sich mit dem Feldstecher oder auch von blossem Auge immer wieder Wildbeobachtungen machen. Gämsen und Rehe halten sich meist an den Steilhängen und in den Waldlichtungen auf.

In Garfiun (1373 m), dem Ziel unserer Wanderung, ruht man auf der Sonnenterrasse bei einem Imbiss an der Sonne aus und stärkt sich für den Rückweg.

Wer aber vom Wandern genug hat, kann mit dem Pferdeschlitten bis Monbiel fahren und ab Monbiel mit dem Bus zurück nach Klosters gelangen.

Weitere Vorschläge

Klosters Platz (1191 m) – Bad Serneus (981 m) – Grossrüti – Cavadürli – Klosters Platz cirka 3 Std.
Klosters Platz (1191 m) – Pardels – Alpenrösli (1449 m) – Klosters cirka 2 Std.

Klosters-Serneus, wo sich alle wohlfühlen

Klosters wird in einer Bulle des Papstes Honorius III erstmals erwähnt und den Heiligen Jacobus und Christophorus im «Walt im Thale Prättigau» geweiht. Als die Walser im 14. Jahrhundert von Schlappin her in Klosters einwanderten, brachten sie die deutsche Sprache mit. Nach den Vazern herrschten die Grafen von Toggenburg über Klosters. 1477 ging das Gericht Klosters, nicht zur Freude der Einwohner, an Herzog Sigismund von Österreich über. So erstaunt es nicht, dass die Klosterser bei der Schlacht an der Calven 1499 an der Seite der Eidgenossen gegen ihren rechtmässigen Herrn kämpften. Mit der Reformation 1525/26 wurde das Kloster aufgehoben und die Klostergüter an die ansässigen Bauern verteilt. Doch

Klosters

Bei Klosters gegen Monbiel.

1621 gingen die erkämpften Freiheiten erneut verloren und die österreichischen Machthaber regierten wieder. Ausserdem wurde Klosters 1629 von der Pest heimgesucht. Nach einem erneuten Freiheitskampf liessen die Österreicher ihren Rachegelüsten freien Lauf und setzten Klosters und das ganze Tal in Flammen.

Erst als 1803 Graubünden zur Schweiz kam, glätteten sich die Wellen. Nach der Fertigstellung der Prättigauerstrasse im Jahr 1852 begann der Fremdenverkehr langsam Fuss zu fassen. Die Eröffnung der Bahn von Landquart nach Klosters im Jahre 1889 brachte einen weiteren, bedeutenden Impuls. Im Winter 1904/05 hielt der Wintersport in Klosters Einzug, womit sich der Weg zum Weltkurort öffnete. Die einmaligen Skigebiete erfreuen sich heute bei Sportlern aus allen Schichten einer sehr grossen Beliebtheit, so zum Beispiel auch bei der Familie des englischen Königshauses und dessen Kronprinzen Charles.

Eine wesentliche Qualitätsverbesserung erwartet man in Klosters von der Fertigstellung der Umfahrungsstrasse. Sie wird den Durchgangsverkehr von täglich über 10 000 durchfahrenden Autos – oder 2,5 Millionen im Jahr – übernehmen.

16. Davos

Ischalp–Clavadeler Alp–Clavadel–Waldfriedhof–Islen

Distanz	cirka 6,5 km
Aufstieg	cirka 70 m
Abstieg	cirka 490 m
Wanderzeit	cirka 2½ Std.
Charakteristik	gepflegter Winterweg ohne grosse Aufstiege und mit angenehmen Abstiegen
Restaurant	Ischalp, Clavaderalp, Clavadel, Islen
Anreise/Rückreise	mit RhB von Filisur oder Landquart oder mit PW über das Prättigau, die Zügenstrasse oder Flüelapass
Auskunft	Davos Tourismus

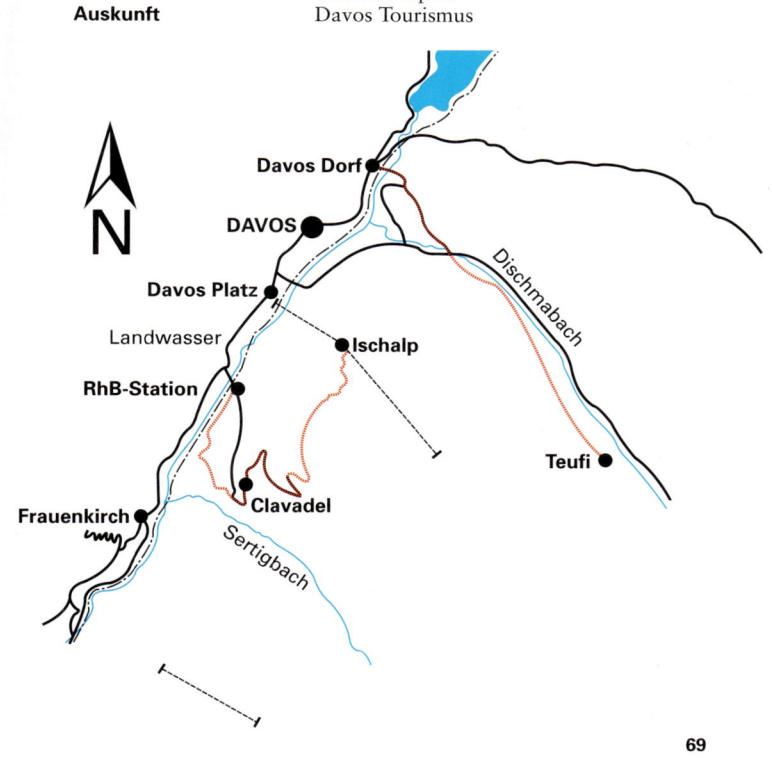

Davos

Auf der nächtlichen Davoser Promenade. Das Kirchli von Davos Frauenkirch.

Die Wanderung

Von der Bergstation Ischalp (1931 m) traversiert man vorerst das Carjöler Tobel und kommt ohne Mühe durch den schönen Nadelwald und zum Teil über offenes Gelände zur Clavadeler Alp (2005 m) mit ihrem Bergrestaurant. Dabei geniesst man eine schöne Aussicht vom Alteingrat über Strela, Weissfluh bis hinüber zum Casanna und Grüenhorn. Der Abstieg auf der Strasse nach Clavadel hinunter führt durch Wiesen und verschneite Wälder, in die braungebrannte Maiensässhütten eingestreut sind. In Clavadel (1664 m) steht bereits ein Busanschluss nach Davos zur Verfügung, wir aber steigen weiter durch den Wald zum Waldfriedhof ab und erreichen über offenes Gelände Islen (1516 m). Von hier aus kann man den Bus nehmen oder zu Fuss dem Landwasser entlang zurück nach Davos (1560 m) wandern.

17. Davos–Dischma

Davos Dorf–Bünda–Duchliweg–Duchlisaga–Teufi

Distanz	cirka 5 km
Aufstieg	cirka 140 m
Wanderzeit	cirka 2 Std.
Charakteristik	Angenehme Talwanderung auf gepflegtem Winterweg, Rückweg mit Bus oder zu Fuss
Restaurant	in der Teufi
Anreise/Rückreise	mit RhB von Filisur oder Landquart oder mit PW über das Prättigau, die Zügenstrasse oder Flüelapass
Auskunft	Davos Tourismus

Die Wanderung

Man verlässt Davos Dorf beim Bahnhof (1560 m, Parkplätze) und wandert zum Quartier Bünda hinüber und folgt dem Duchliweg bis zur Duchlisaga. Von hier weisen die Wegweiser dem Dischmabach entlang auf dem präparierten Winterweg taleinwärts zur Teufi (1693 m). Dieser Weg strengt nicht an und ist angenehm zum Gehen.

Weitere Vorschläge

Schatzalp–Kirchbannwald–Wasserfall–Schatzalp cirka 2 Std.
Davos Frauenkirch–Mühle–Sertig cirka 3 Std.
PS: In Davos gibt es 84 km gespurte Winterwanderwege

Die Stadt im Hochgebirge

Davos, eine Landschaft mit einer Fläche von 254 km^2, setzt sich aus fünf Fraktionen zusammen und ist grösser als der Kanton Zug, hat aber «nur» etwa 12 000 Einwohner. In der Landschaft Davos ist die geschichtliche Entwicklung offensichtlich. Von der Walsersiedlung im 13. Jahrhundert über das «Mekka für Schwindsüchtige» (1901), über die «Sonnenstadt im Hochgebirge» (1932), zum heutigen Forschungs-, Kongress-, Ferien- und Sportzentrum entdeckt der Wan-

Davos Dischma

Davoser Wahrzeichen: Das Tinzenhorn.

derer leicht alle Stufen der Entwicklung. «Diese Landschaft ist Sommers-Zeit eine recht schöne angenehme Wildnis, in welcher Heu wachset, hat keine grossen Dörfer, sondern die Häuser sind, wie in den mehresten Wildnussen, allenthalben zerstreuet. Hat zwey fischreiche See. 1. Der schwarze See im underen Laret ist den Jenatschen zuständig. 2. Beynebend ist auch auf Davoss ein würklich grosser See. Im selbigen ist die Fischerei nicht Jedermann erlaubt, sondern nur gewüssen Familien.»

«Gewerbschaft oder Nahrung ist neben der Viehzucht bei vielen das Küblen (Küfern), sowie das seltsame Poppenschnezen (Puppenschnitzen).» So hat Niculin Sererhard zu seiner Zeit die Landschaft Davos beschrieben. Heute müsste er eine Stadt im Hochgebirge beschreiben, jedoch haben die Davoser vieles von ihrer ursprünglichen Art erhalten. Sie haben sich im Laufe der Zeit gewöhnt, mit fremden Leuten umzugehen, und wissen sich ihnen gegenüber zu behaupten.

In Frauenkirch und Glaris ändert sich das Landschaftsbild rasch, der Talboden wird enger, und die Bauernhöfe haben hier schon vor Jahrhunderten an den sonnigen Talhängen «Halt» gefunden. Herbes «Walsertum» hat diese Landschaft geprägt. Schon allein der Lawinenkeil an der Frauenkirche beweist es: Von alters her stellte man sich hierzulande den Gefahren und lief nicht vor ihnen davon.

18. St. Antönien

St. Antönien – Partnun

Distanz	cirka 5,5 km (inkl. Rückweg 11 km)
Höhendifferenz	cirka 343 m
Wanderzeit	cirka 2 Std. (inkl. Rückweg 3½ Std.)
Charakteristik	gewalzter Winterweg mit gleichmässigem, nicht steilem Anstieg
Restaurant	in Partnun
Anreise/Rückreise	mit Postauto oder PW von Küblis aus über Luzein–Pany
Auskunft	St. Antönien Tourismus

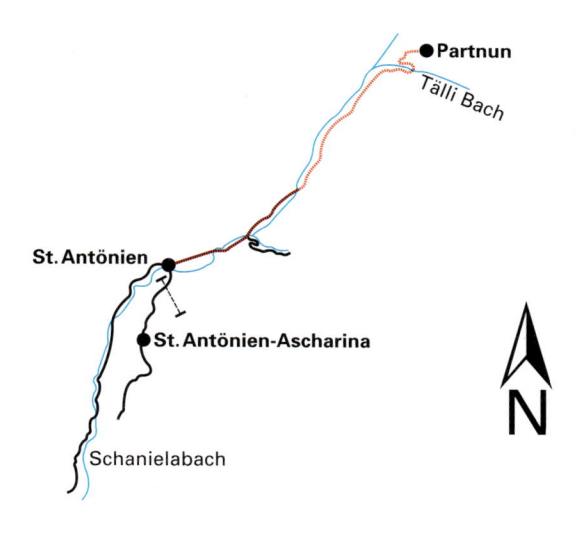

Die Wanderung

Unser Ausgangspunkt ist beim Parkplatz in der Nähe der Kirche im Dorf St. Antönien. Vorerst folgen wir der Strasse über Litzirüti, Bühl nach Hinter Züg. Nun ist der Weg mit Raupenfahrzeugen präpariert und führt dem Bach entlang über Wätterweid hinauf nach Partnun,

St. Antönien

das ab St. Antönien, je nach Schneeverhältnissen, in 1½ bis 2 Std. erreichbar ist.
Auf der Terrasse des Bergrestaurants geniesst man an schönen Tagen die Aussicht auf die wuchtigen Felsen des Rätikon.

Weitere Vorschläge

St. Antönien–Usser Ascharina–Ascharina 1½ Std.

St. Antönien – einer der ältesten Luftkurorte

So komisch es anmuten mag, aber es war von alters her typisch für die St. Antönier, dass sie ihre leer stehenden Häuser im Tal während der Maiensäss- und Alpzeit an «Sommerfrischler» vermieteten. Diese Entwicklung wurde mit dem Bau der Talstrasse 1899 weiter gefördert. Seit dem Bau der Skilifte ist St. Antönien, neben seiner Anziehungskraft für Skitourenfahrer, auch zu einem beliebten Wintersportplatz für Familien geworden. Schon immer pflegten die St. Antönier auch freundschaftliche Beziehungen mit ihren österreichischen Nachbarn aus dem Montafon. Man brauchte Wies- und Weideland und verschaffte sich dieses durch ausgedehnte Waldrodungen. Zudem verlangte die hergebrachte Bauweise nach grossen Mengen Bau- und Brennholz. Alte Zollerleichterungen brachten es mit sich, dass ein reger Viehhandel betrieben werden konnte. Nach der Chilbi am 14. Juni fand ein Markt statt, an dem die Montafoner Kühe gegen Galtvieh eingetauscht wurden. Diese wiederum wurden dann, nach der Alpzeit, auf den Herbstmärkten an Unterländer Viehhändler weiterverkauft. Ebenfalls etwa zur Chilbizeit, oder etwas später, trafen die Vorarlbergischen Heuerinnen und Heuer ein. Man war, auch aus Kostengründen, bestrebt, die Heuernte rasch einzubringen. Ausserdem fiel diese mit der Alpzeit zusammen.

Mit den Heinzen konnte die Futterqualität, trotz Regenperioden während der Heuernte, erhalten werden. Diese Heinzen wurden von den Vorarlberger Heuern erstmals 1740 im Tal aufgerichet. In der Folge wurde dieses Vorgehen von den St. Antöniern übernommen.

Die einst weltberühmte Töpferkunst der St. Antönier ist heute am Ort kaum mehr bekannt.

Die vielen Waldrodungen wurden den St. Antöniern zum Verhängnis. Durch die Ansprüche der zunehmenden Bevölkerung

St. Antönien

Partnun bei St. Antönien mit Schijenflue.

schwand der frühere Holzreichtum des Tales dahin, die Hänge waren entblösst und die vielen Siedlungen im Tal den Lawinen schutzlos ausgesetzt. Bereits 1480 wurde ein erster Bannbrief zum Schutze des Waldes in Kraft gesetzt. Erst nach dem Lawinenwinter 1935 wurde ein Lawinenschutz geprüft und anschliessend entsprechende Verbauungen geplant. Später befürwortete Bundesrat Etter die Verbauungsprojekte und deren Subventionierung. Es sollten die grössten Lawinenverbauungen der Schweiz werden, wie Bundesrat Tschudi später feststellte. Die Ausführung der insgesamt 10 km langen Bauwerke nahm 24 Jahre in Anspruch und wurde 1977 inklusive Aufforstungen abgeschlossen.

Die Kirche aus dem Jahr 1493 wurde 1536 protestantisch. Das Neujahrssingen ist als Brauch erhalten geblieben, wenn auch die traditionellen Lieder aus dem 16. Jahrhundert durch neuere ersetzt wurden.

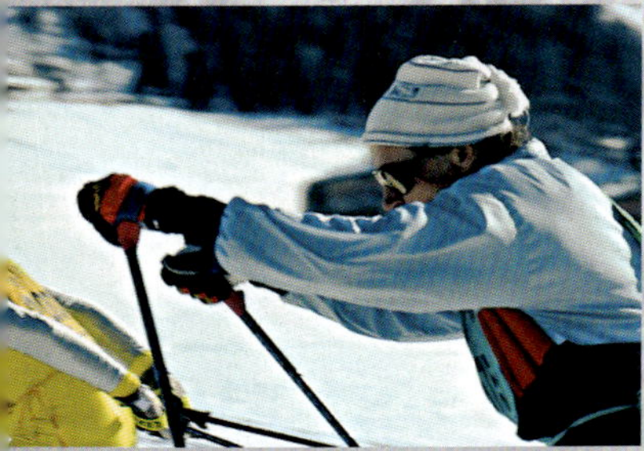

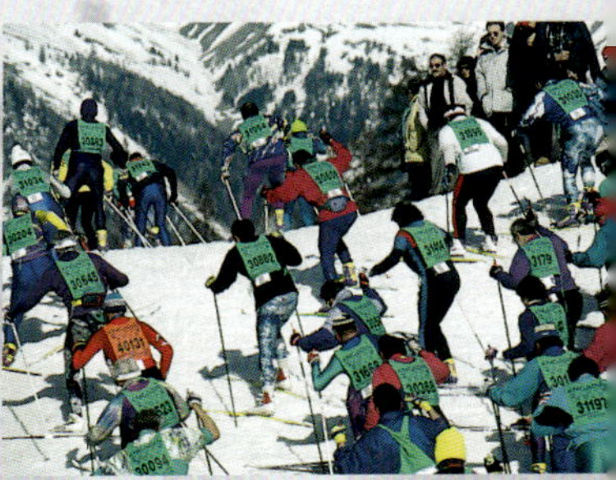

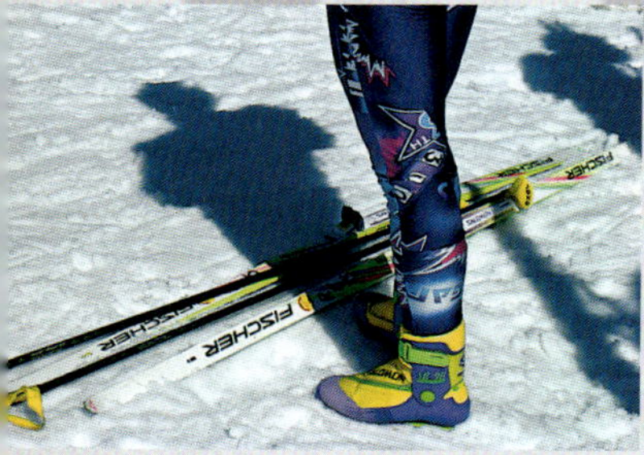
FISCHER

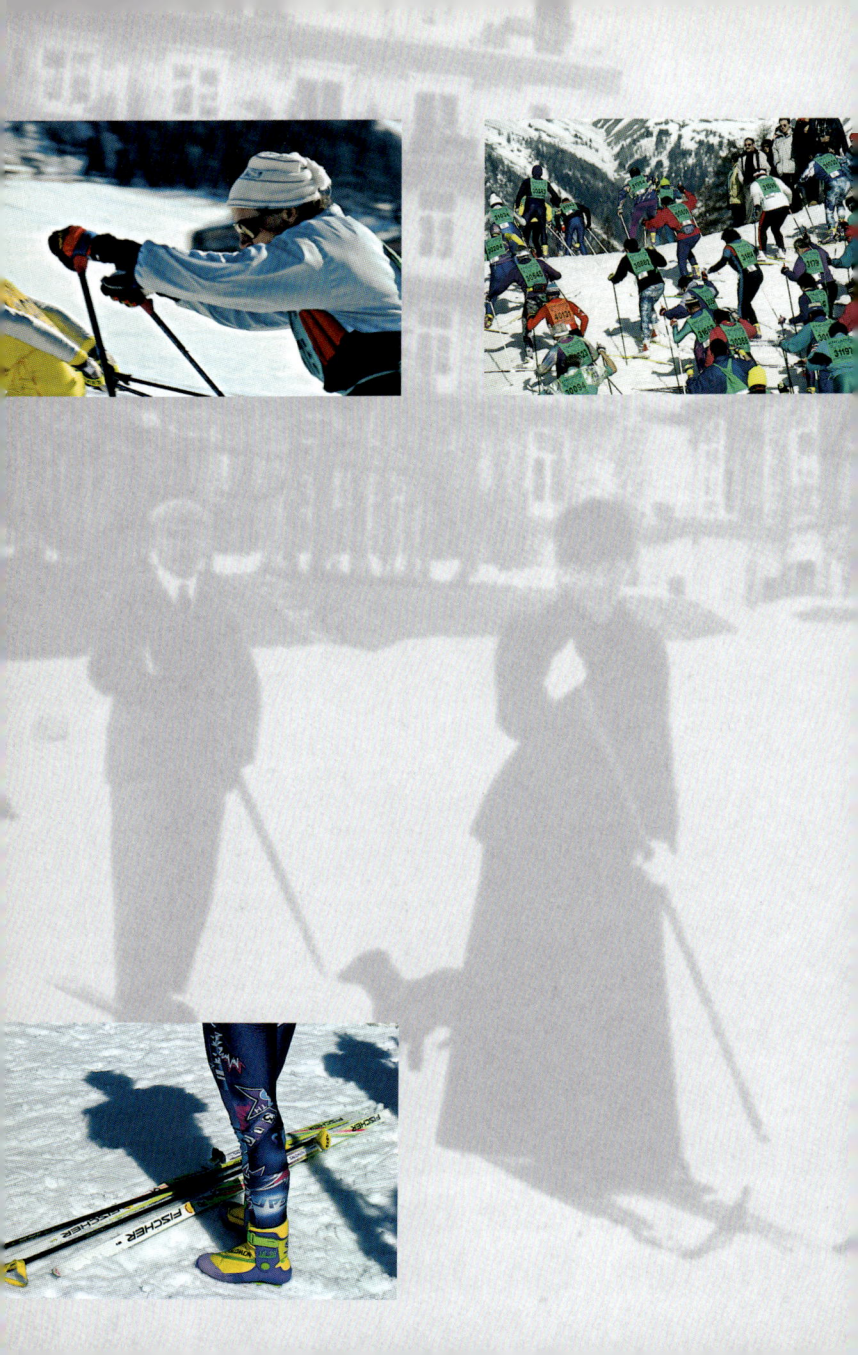

Wandern in Spuren

Heute sind trendige Schneesportarten wie «snöben» oder eben Snowboarden, Skibob oder Schneeschuhlaufen «in». Der eher gemütliche Langlauf hat etwas an Attraktivität verloren: Wenn schon Langlauf, dann Skating, das elegante Gleiten im Schlittschuhschritt. Dabei hat das Wandern auf Brettern eine lange Tradition. Wie herrlich war es doch, mit Fellen an den Skiern einen Berg zu erobern und dann im jungfräulichen Schnee zu Tale zu stieben, oder mit Langlaufskis gemählich ein sonnig gelegenes Bergrestaurant zu entdecken. Oder wie grossartig ist es, das Ziel des Engadin Marathons trotz allem zu erreichen? Vielleicht sollten wir uns wieder mehr Zeit nehmen und das Hochgefühl einer körperlichen Leistung auskosten.

Oberengadin

Auch im Winter führen viele Verbindungen ins Engadin. Es sind die Passstrassen über den Julier, Maloja, Bernina, Ofen und Flüela. Auf dem Schienenweg ist es die Rhätische Bahn mit der Albula- und Berninastrecke. Zudem hat der Flughafen von Samedan für die Gäste der gehobenen Klasse eine grosse Bedeutung.

Die einmalige Landschaft des Oberengadins von Maloja bis Punt Ota verfügt im Winter, neben den unzähligen grossen und kleinen Attraktionen, über ein ausgedehntes und abwechslungreiches Netz von Wegen, die ein unbeschwertes Wandern durch traumhafte Winterlandschaften ermöglichen.

Der Kreis Oberengadin umfasst 11 Kreisgemeinden: Bever, Celerina, Madulain, Pontresina, La Punt-Chamues-ch, Samedan, St. Moritz, S-chanf, Sils/Segl, Silvaplana und Zuoz, die zusammen ein Territorium von ca 734 km^2 einnehmen. Hier wohnt eine Bevölkerung von rund 16 000 Personen, die fast ausschliesslich vom Tourismus abhängig ist. Die Volksschulsprache ist in den meisten Gemeinden romanisch.

Die Gemeinden des Oberengadins wurden in den Gammertinger Verträgen von 1139 erstmals erwähnt. Alte Völker wagten es aber schon lange vor unserer Zeitrechnung, ins Engadin vorzudringen und kannten zum Beispiel die Heilkräfte der Mineralquellen von St. Moritz, was durch Funde von broncezeitlichen Opfergaben in den Quellen belegt werden konnte.

Auch in S-chanf haben unermüdliche Forscher wie Campell und Conrad nördlich des Dorfes, auf der «Botta striera» in 2000 m Höhe, Spuren einer broncezeitlichen Siedlung mit Wehranlagen gefunden. Freilich sind viele geschichtliche Erklärungen umstritten, dass aber in jenen Zeiten mit wärmeren Klimaperioden auch Voraussetzungen für Feldbau vorhanden waren, haben Pollenprofile bestätigt.

In Einem scheint man sich im Oberengadin einig zu sein: Die landschaftlichen Schönheiten sind im Interesse eines florierenden Tourismus von entscheidender Bedeutung, sofern sie diesen in seinem Wachstum nicht behindern.

Ein Künstler in malerischer Landschaft bei Sils-Baselgia.

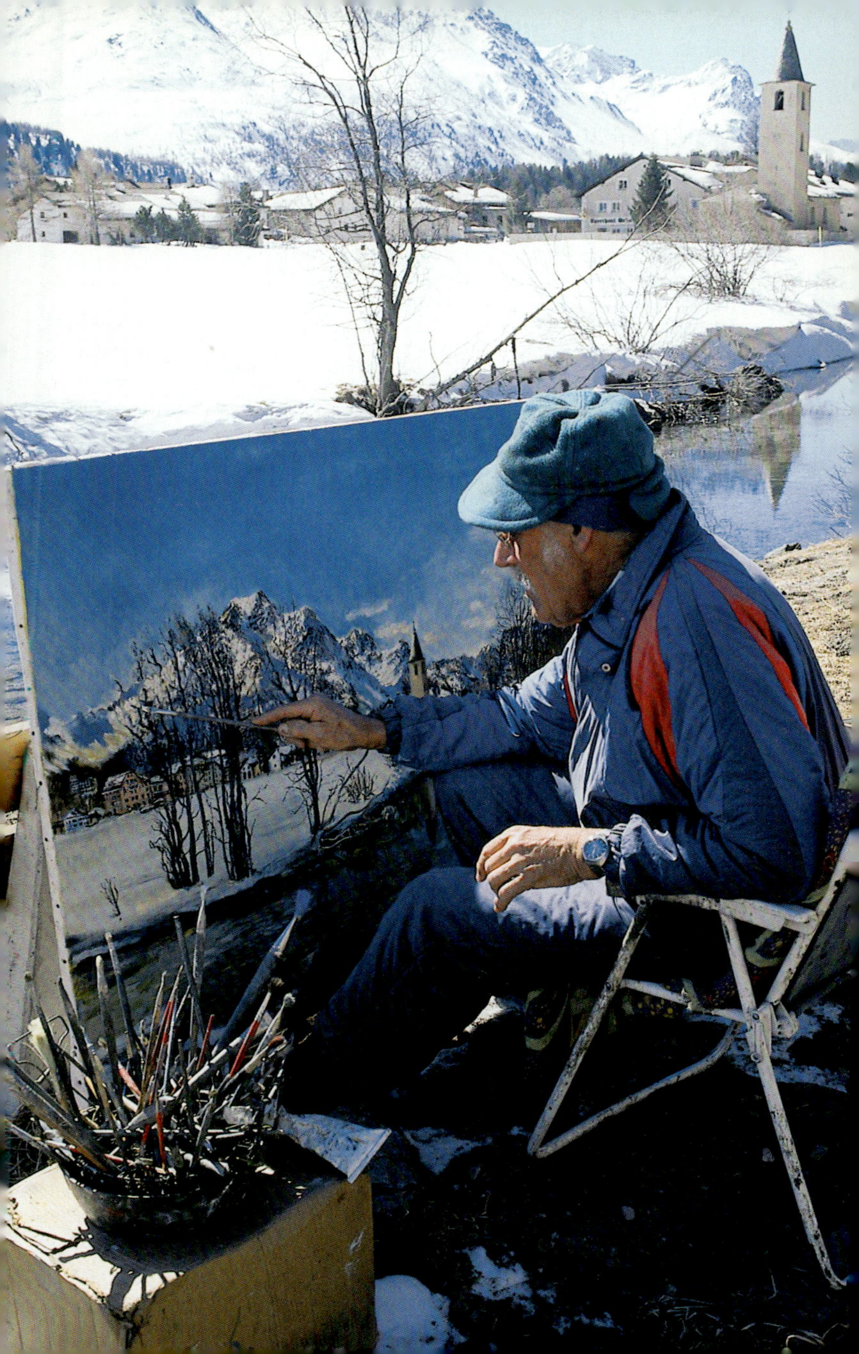

19. Pontresina

Pontresina–Val Roseg–Restaurant Rosegletscher

Distanz	cirka 7 km
Höhendifferenz	225 m
Wanderzeit	cirka 2 Std.
Charakteristik	leichte Talwanderung auf autofreiem Strässchen durch lichte Arven-/Lärchenwälder und über Alpweiden allmählich ansteigend
Hinweise	eventuell Rückfahrt mit Pferdeschlitten
Anreise/Rückreise	RhB, Regionalbus oder PW
Auskunft	Kurverein Pontresina

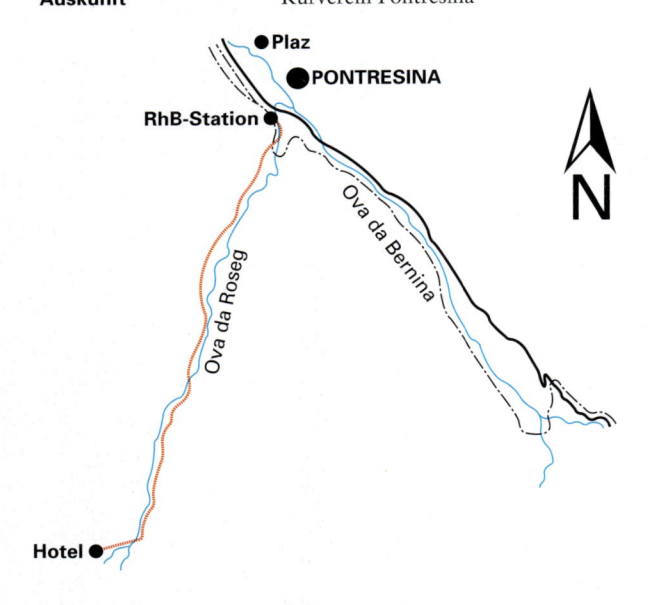

Die Wanderung

In freudiger Erwartung verlassen wir den Bahnhof Pontresina und zweigen gegenüber dem Restaurant Bahnhof Richtung Rosegtal ab.

Pontresina

Beliebter Wanderweg ins Val Roseg.

An klaren Wintermorgen bläst dem Wanderer am Taleingang ein leichter aber eisigkalter Wind ins Gesicht. Der Grund liegt darin, dass in klaren Nächten die Luft auf den hohen Gletscherbergen zuhinterst im Tal auskühlt und in den frühen Morgenstunden durch das Rosegtal gegen die Talsohle des Engadins abfliesst.

Doch spätestens nach 10 Uhr wärmt uns schon die Sonne. Wir folgen dem Talweg, bald über weisse Schneeflächen, bald dem Bach entlang, durch Arven- und Lärchenwälder allmählich ansteigend taleinwärts, bis wir nach 7 km das Restaurant Roseggletscher erreichen und das einmalige Aussichtspanorama auf die Gletscher und Berge geniessen können. Auf dem Rückweg gehen wir auf der gleichen Strecke. Man kann aber auch eine Pferdeschlittenfahrt nach Pontresina geniessen.

Weitere Vorschläge

Pontresina–Morteratsch–Morteratschgletscher–Morteratsch cirka 3½ Std.
Pontresina–Stazerwald–St. Moritz oder Celerina cirka 1½ Std.

Rosegtal, ein besonderes Alpental

Diese Winterwanderung gehört zu den schönsten Talwanderungen im Engadin.

Die Talstrasse, die auch von Pferdeschlitten befahren wird, weist keine anstrengenden Steigungen auf und der Weg wird täglich gepflegt. Das Wild bringt viel Abwechslung auf dieser Wanderung und ist durch den motorlosen Talverkehr kaum gestört.

Meist zeigen sich dem aufmerksamen Beobachter schon bei der Berninaschanze vereinzelte Gämsen. Ein gutes Fernglas ist zu empfehlen. Der Anblick dieser Grattiere wird uns nun den ganzen Tag über erfreuen. Oft stehen einzelne Tiere nur wenige Meter neben der Strasse, dann wieder hoch oben in den verschneiten Felsbändern. Sie bilden ganze Rudel mit Tieren aller Altersstufen.

Ab und zu überrascht uns eine kecke Meise mit einem Bettelflug. Sofern man ihr ein paar Samenkörner anzubieten hat, lässt sie sich sogar auf der Hand nieder. (Aber bitte keine Speisereste verfüttern!)

Freundschaften zwischen Tieren, Sportlern, Wanderern und Spaziergängern konnten sich in diesem abgeschlossenen Hochalpental ungezwungen entwickeln.

In den siebziger Jahren wurde das Samedaner Teilgebiet des Rosegtales zur alpinen Ruhezone erklärt. Das Gesetz vom 31. März 1976 verbietet unter anderem auch das Erstellen von mechanischen, touristischen Anlagen jeder Art: ein Vorbild von angewandtem Landschaftsschutz.

Auf der Höhe der Acla Colani, deren Namen auf Gian Marchet Colani, den berühmten Gämsjäger, zurückzuführen ist, finden wir am Wegrand ein Arvenbrett mit dem Hinweis, dass wir die 67 km^2 grosse Enklave der Gemeinde Samedan betreten. Der Gipfelkranz vom Piz Chalchagn zum Piz Bernina, Piz Roseg, Piz Corvatsch, über Fuorcla Surlej bis zum Piz Mezdi, bildet die Grenze zu Pontresina, Italien, Sils/Segl, Silvaplana, St. Moritz und Celerina. Der Piz Bernina (4049 m) ist der östlichste Viertausender der Alpen und der höchste Punkt Graubündens. Auf seiner Spitze treffen sich die Grenzen der Gemeinden Pontresina, Lanzada (Val Malenco, Italien) und Samedan.

20. Muottas Muragl (Philosophenweg)

Muottas Muragl–Tschimas da Muottas–Muottas Muragl

Distanz	cirka 3–5 km
Aufstieg	cirka 130 m
Abstieg	cirka 130 m
Wanderzeit	cirka 1–2 Std. je nach Wahl
Charakteristik	Höhenwanderung auf präparierten Wegen in einer Hügellandschaft mit einmaliger Aussicht auf 2500 m Höhe. Verpflegungsmöglichkeit im Berghotel Muottas Muragl
Anreise/Rückreise	Haltestelle RhB Punt Muragl/Staz ab St. Moritz mit Berninabahn
	Haltestelle RhB Punt Muragl von Samedan oder Pontresina
	Haltestelle Regionalbus ab St. Moritz, Celerina und Pontresina. Parkplatz für PW und Car bei der Talstation Punt Muragl (MMB)
Auskunft	Samedan Tourismus

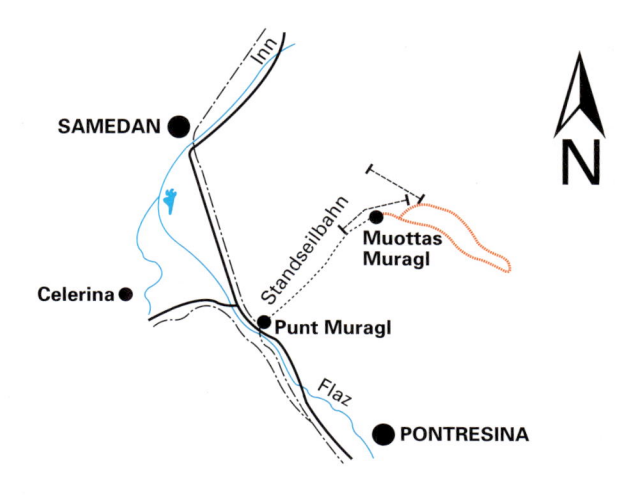

Die Wanderung

Die Bergstation der Muottas Muragl-Bahn (MMB) erreicht man von Punt Muragl mit der Standseilbahn. Die Bergstation verlässt man über die Restaurant- und Liegeterrasse und folgt dann links haltend dem breiten gewalzten Weg, der sanft ansteigend auf dem breiten Bergrücken bis auf eine Höhe von 2710 m führt. Den Rückweg wählt man sich selbst aus vielen Wegvarianten aus.

Weitere Vorschläge

Samedan–Innpromenade–Isellas–La Punt cirka 2½ Std.
Samedan–Christolais–Celerina–San Gian–Ochsenbrücke–Samedan cirka 2½ Std.
Samedan–Muntarüsch–Bever–Samedan cirka 1½ Std.

Weisses Winterwunder über dem Engadin

Muottas Muragl wurde im letzten Jahrhundert von einem Samedner Hotelier für die Gäste seines Nobelhotels Bernina entdeckt. Zu Fuss und auf Maultierrücken führte er seine Klientel auf diesen Berg, zeigte ihnen von dieser hohen Warte aus die einmaligen Schönheiten der Oberengadiner Seenlandschaft und bewirtete sie in einer einfachen Berghütte, der «Villa Lyss».

Bereits am 23. Dezember 1896 erteilte die Bundesversammlung die Konzession zum Bau einer Bergbahn. Nach einigen Projektänderungen und Finanzproblemen erfolgte der Spatenstich zum Bau der Anlage im Mai 1905. Bei der Eröffnung im August 1907 war die Linie der Rhätischen Bahn von Samedan nach Pontresina noch nicht in Betrieb und die geladenen Gäste wurden mit Pferden nach Punt Muragl kutschiert, während die Bevölkerung des Tales zu Fuss herbeiströmte, um dieses Novum zu bestaunen. Eine Standseilbahn, die mit bis zu 52% Steigung 714 Höhenmeter überwinden konnte, galt damals im Kanton Graubünden als das, was man heute mit «High Tech» bezeichnen würde. Doch die Bahn ist jung geblieben und befindet sich seit 93 Jahren immer auf dem neuesten Stand der Technik. Muottas Muragl als Ausflugsziel hat von seiner Attraktivität nichts verloren, im Gegenteil, dank den neuen technischen Möglich-

Muottas Muragl

Abendstimmung auf den Oberengadiner Seen.

keiten in Pisten- und Wegpräparierung konnte das Angebot durch die einmaligen Panoramawege und die Schlittelbahn erweitert werden.

In einer Hügellandschaft, die sich auf dem breiten Bergrücken bis auf 2710 m hinaufzieht, schreitet man nicht einfach einen Weg ab, sondern es sind immer neue Varianten zu finden, immer neue Einblicke in einsame Täler – oder in den Himmel – tun sich auf. Aber der Weg zurück zum Ausgangspunkt ist jederzeit leicht zu finden.

Mit einem besonderen Erlebnis rundet man den Tag auf Muottas Muragl ab, indem man während eines gemütlichen Abendessens einen eindrücklichen Sonnenuntergang über der Seenlandschaft betrachtet. Es empfiehlt sich allerdings, sich im Panoramarestaurant einen Platz reservieren zu lassen.

21. Sils Maria

Sils Maria-Silvaplana-Lej Marsch-St. Moritz-Bad

Distanz	cirka 10 km
Aufstieg/Abstieg	cirka 80 m
Wanderzeit	cirka 3 Std.
Charakteristik	leichter Weg mit geringen Auf- und Abstiegen durch die Weiten der Oberengadiner Seenlandschaft
Restaurant	am Weg in Sils, Surlej und St. Moritz Bad
Anreise	mit Postauto oder PW nach Sils Maria
Auskunft	Tourismusbüro Sils/Segl,

Die Wanderung

Ab Sils Maria gehen wir vorerst zur Furtschellas Bahn, dann dem Seeufer entlang nach Silvaplana/Surlej. Nun folgen wir der Strasse zum Quartier Clos (Waldheim). Nach der ersten Linkskurve steigen wir kurz auf und kommen ebenen Weges durch den lichten Arven/Lärchenwald am Lej Nair vorbei zur Olympiaschanze und weiter nach St. Moritz-Bad.

Weitere Vorschläge

Sils/Segl-Isola-Maloja cirka 2 Std.
Sils Maria-Fextal (Hotel)-Güvè-Waldhaus-Sils Maria cirka 3 Std.
Silvaplana-Champfer-Somplatz-St. Moritz Dorf cirka 2 Std.
St. Moritz/Chantarella-Salastrains-Signal-Futschöls-Oberalpina-Chantarella cirka 2 ½ Std.

Eiszeiten modellieren die Seenlandschaft

Beim maximalen Eisstand der letzten Eiszeit (Würmeiszeit) befand sich die Oberfläche des Gletschers auf einer Meereshöhe von 2800 m, also wären damals Silvaplana und Sils unter einem rund 1000 m dicken Eispanzer gelegen. Oder anders, man hätte von der

Sils Maria

**Bei Sils
mit Piz da la Margna.**

Sils Maria

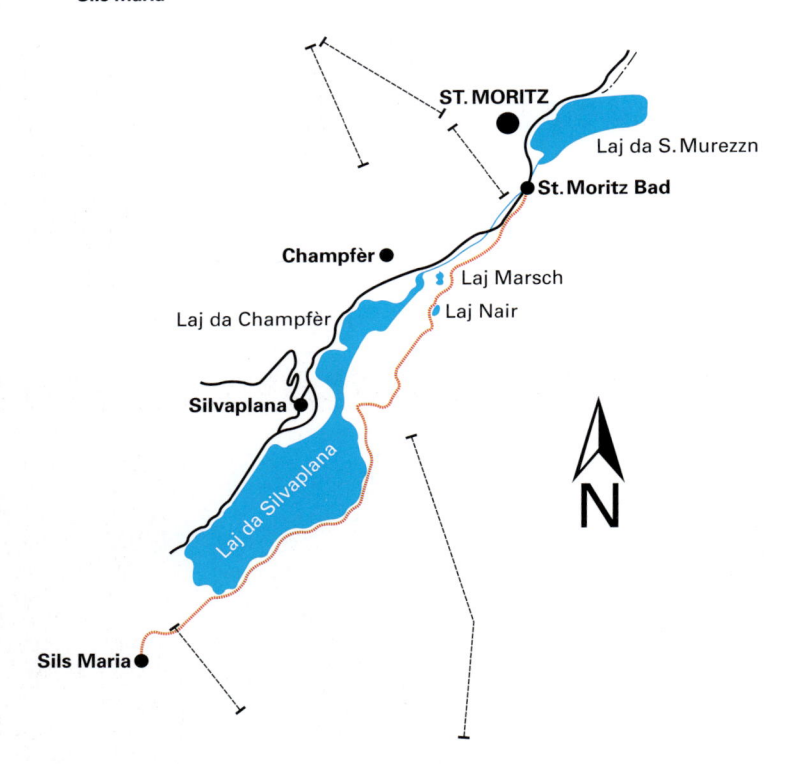

Fuorcla Surlej ebenaus auf einem riesigen Eisfeld zum Piz Nair marschieren können und hätte erst beim Piz Nair Pitschen oberhalb des Munt San Murezzan wieder festen Boden betreten.

Besonders schön präsentieren sich die Spuren der Vergletscherung des Oberengadins auf unserer Wanderung von Sils nach Surlej/Silvaplana. Dazu gehören auch die Seen, die aus Resten der Toteismassen entstanden sind, die beim Rückzug der Gletscher in die Seitentäler im Haupttal liegen blieben. Zudem liess abschmelzendes Eis die Bäche aus den Seitentälern Fedoz, Fex, Julier und Suvretta anschwellen, was zur Bildung der deltaartigen Schuttkegel führte, auf denen sich vorerst die Wälder ausbreiteten (daher der Name Silvaplana = ebener Wald) bevor die Menschen kamen und den Wald ro-

Sils Maria

deten, um Kulturland zu gewinnen. Auf eine besonders reizvolle Moränenlandschaft treffen wir auf dem Weg durch die Wälder zwischen Surlej und St. Moritz Bad, wo der Gletscher durch seine Kriechbewegungen muldenförmige Furchen aushob und damit die traumhaft schönen Moorseen Lej Zuppò, Lej Nair und Lej Marsch zurückliess. Das Vegetationsbild, das von Lärchen- und Arvenwäldern beherrscht wird, dürfte sich in den letzten 8000 Jahren nie stark verändert haben, man könnte sagen, dass man hier die Schönheit eines «nachhaltig bewirtschafteten Urwaldes» erlebt.

Der Kirchturm
von Sils-Baselgia.

Ice-Events

Wer bei Eis nur an Kälte denkt, verkennt, was sich auf oder mit Eis Lustvolles machen lässt. Fast an jedem Bündner Ferienort kann man Eislaufen und Curling spielen. Eishockey hat ebenfalls eine lange Tradition wie zum Beispiel der Spenglercup in Davos. In Arosa, Davos und St. Moritz sind auch Pferdesport wie Trabrennen, Skijöring, wobei ein Pferd den Skiläufer zieht, und Polo auf dem Eis beliebt. Seit einiger Zeit finden auch Schlittenhunderennen statt. Eher jüngeren Datums sind Wettbewerbe zum Bau von Schnee- und Eisskulpturen, Wintergolf, Gourmetpartys und Konzerte. Auf dem Eis ist also immer etwas los und auf jeden Fall dafür gesorgt, dass die Füsse und Köpfe kühl bleiben.

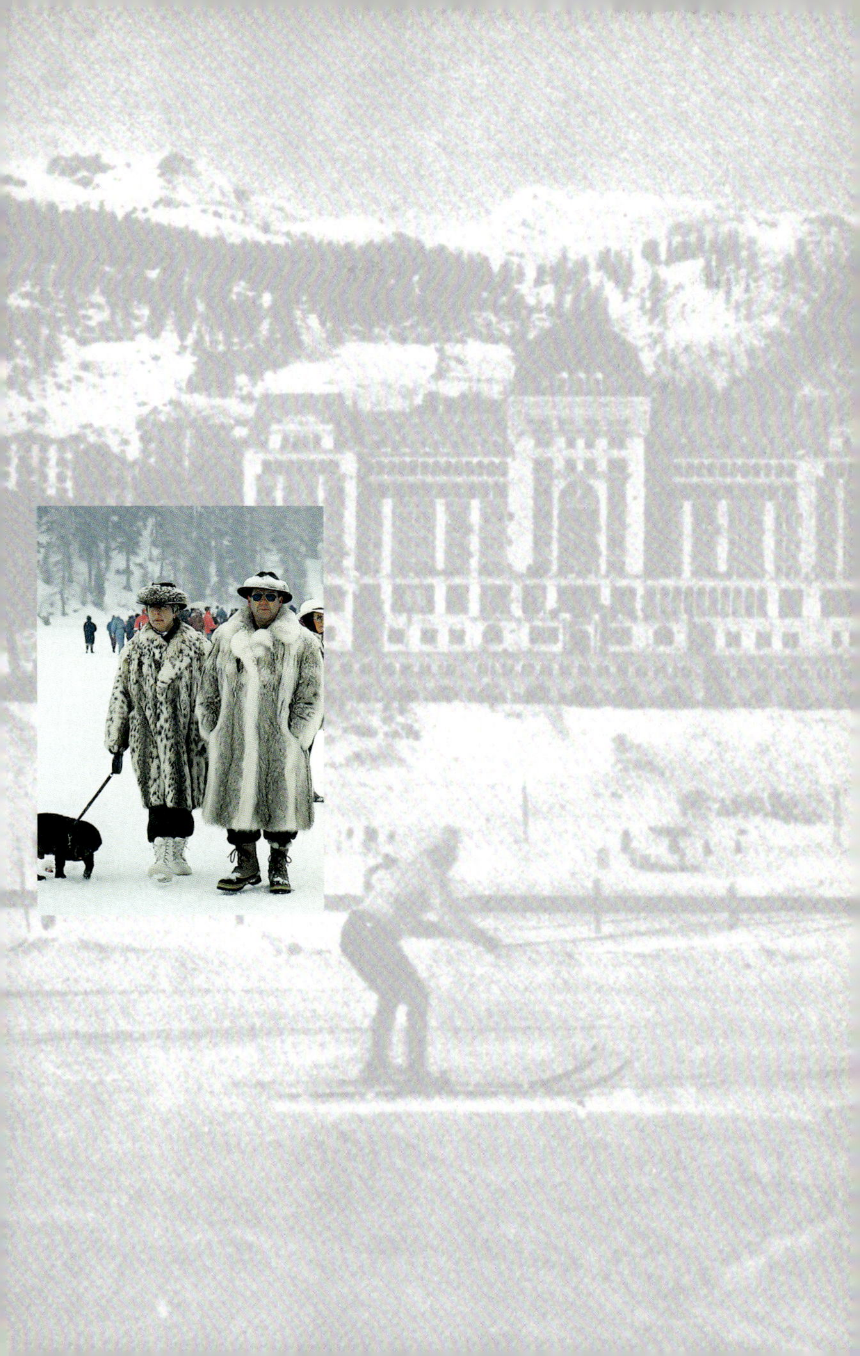

Region Samnaun/Unterengadin/Val Müstair

Das Unterengadin mit einer Fläche von rund 1200 km² setzt sich aus den vier Kreisen Surtasna, Tasna bassa, Ramosch und dem Münstertal zusammen. Die rund 10 000 Einheimischen sprechen im Samnaun deutsch, im Unterengadin das romanische Valader und im Münstertal das Jauer. Ungefähr ein Drittel der Bevölkerung ist katholisch und zwei Drittel reformiert. Praktisch die gesamte Bevölkerung lebt direkt oder indirekt vom Tourismus. Schliesslich hat auch die Landwirtschaft für das Unterengadin eine grosse Bedeutung. Sie musste in den letzten Jahrzehnten aus den geschlossenen Dörfern ausgesiedelt, und die Betriebsstruktur der Zeit angepasst werden. Damit ist das tägliche Schauspiel der heimkehrenden Ziegen- und Kuhherden aus dem typischen Bild der Engadinerdörfer für immer verschwunden. Als Ersatz dafür werden «Ferien auf dem Bauernhof» angeboten, womit die Kontakte der Feriengäste zur Landwirtschaft erhalten bleiben und für die Bauernfamilien eine zusätzliche Verdienstmöglichkeit besteht.

Die ganze Region des Unterengadins und des Münstertales ist im Sommer wie im Winter ein fast unerschöpfliches Wanderparadies. Wunderschöne, gespurte Wege führen im Winter dem Inn oder im Münstertal dem Rombach entlang und in die vielen Seitentäler. Attraktiv sind aber auch die höher gelegenen Wanderwege, die sonnigen Talflanken entlang von Dorf zu Dorf führen. Die Harmonie der Engadiner Bauerndörfer in den einmaligen Winterlandschaften, umgeben von den Unterengadiner Dolomiten, vermittelt ein einmaliges Erlebnis.

Die Region wurde ab dem 9. Jahrhundert aktenkundig. Kriege, Katastrophen und Epidemien lösten sich ab, bevor sich mit der Entdeckung der Heilquellen durch Paracelsus ein Tourismus mit vielen Höhen und Tiefen einstellte.

Heute sind das Unterengadin und das Münstertal, mit ihrer wunderschönen Berglandschaft, zu beliebten Kur- und Ferienregionen herangewachsen. Eine Voraussetzung, dass dies so weitergeht, wird mit dem Vereinatunnel als Bahnlinie und «rollende Strasse» ab 1999 geschaffen.

Strässchen bei Nair
mit Lischana.

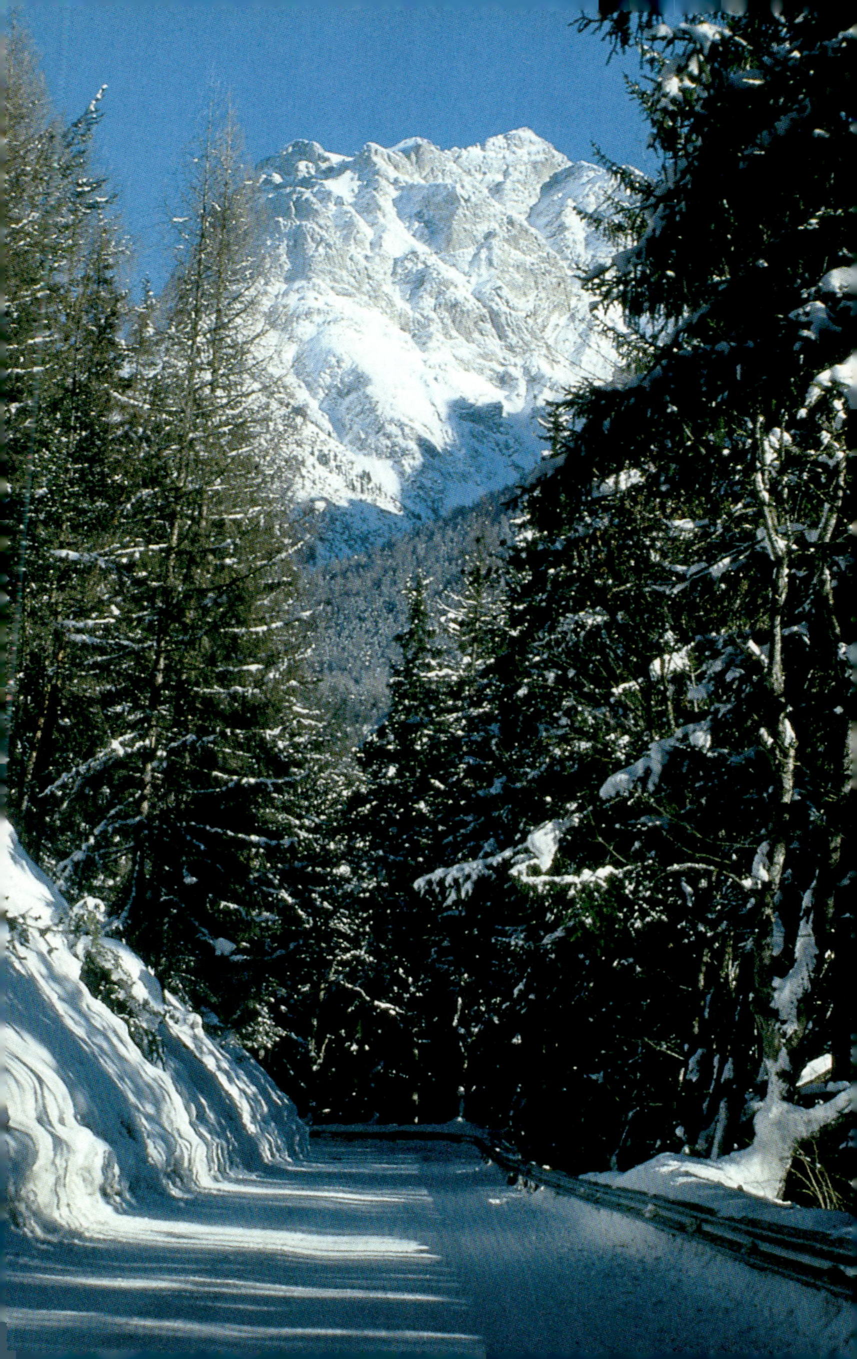

22. Samnaun

Samnaun Dorf–Ravaisch–Plan–Laret–Compatsch

Distanz	cirka 4,5 km
Aufstieg/Abstieg	131 m
Wanderzeit	cirka 1½ Std.
Charakteristik	Talwanderung. Gespurter Talweg dem Talbach entlang ohne steile Auf- oder Abstiege. Auch als Spaziergang geeignet.
Anreise/Rückreise	mit Postauto oder PW ab Scuol
Auskunft	Samnaun Tourismus

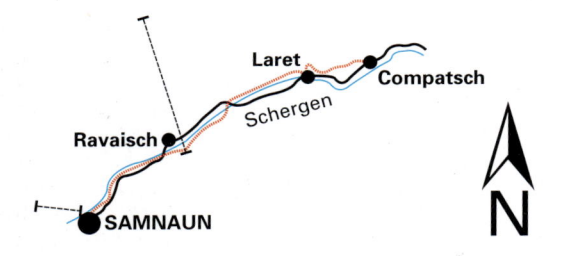

Die Wanderung

Vom Tourismusbüro in Samnaun Dorf (1830 m, Parkplatz) führt der Weg zum Talbach hinunter und erreicht der Talflanke entlang den Weiler Ravaisch (1799 m). Bei der Kapelle verlassen wir den Ort und begeben uns zur Strasse hinunter, der wir etwa 300 m folgen, um dann leicht ansteigend über Salatsch, an Plan vorbei, durch die Wiesen nach Laret (1731 m) zu gelangen. Nun steigen wir etwas ab und folgen der Strasse nach Samnaun-Compatsch (1699 m), dem Ziel unserer Wanderung.

Weitere Vorschläge

Plan–Tschischanader und auf gleicher Route zurück cirka 2 Std.
Ravaisch–Chè d'Mot und auf gleicher Route zurück cirka 2 Std.

Saumnaun

Winterstimmung im Samnaun. *Samnauner Winterimpression.*

Samnaun, das Hochtal am Rande der Schweiz

In einer Urkunde aus dem Jahre 1089 wurde «Summnaun» erstmals erwähnt, und der Name sagt bereits, woher die ersten Siedler kamen, nämlich von «mnaun», womit nichts anderes gemeint ist, als das heutige Vnà oberhalb Ramosch im Unterengadin. So umschrieben die Herren von Tarasp das Tal, das sie jenseits, über oder ennet (=sum-) der Wasserscheide von Vnà (=mnaun) dem Kloster Marienberg im Vintschgau schenkten. Es wird angenommen, dass die ersten Siedler auf der Suche nach neuen Weidegründen schon vor dem Jahre 1000 von Vnà her über die beinahe 3000 m hohe Fuorcla Maisas ins Samnaun kamen. Im Unterengadin war damals die Blütezeit des Ackerbaues und man brauchte dringend Land für das Vieh. Das günstige Klima im Tal und die ungünstigen Zugangswege haben wahrscheinlich dazu beigetragen, dass die Hirten später zu Selbstversorgern wurden. Zugleich entstanden gute Beziehungen zum Tirol und die romanische Sprache ging verloren.

Der einzige Fahrweg von Samnaun zur Aussenwelt führte über Spiss nach Österreich, damit erreichte die Gemeindebehörde von Samnaun 1892 den Ausschluss aus dem schweizerischen Zollgebiet. Von 1907–1912 konnte dank grosszügiger Subventionen die Verbindungsstrasse mit dem Engadin und damit der Schweiz gebaut werden. Diese Strasse bildet heute, zusammen mit der Zollfreizone, die Grundlage für den Tourismus im Samnaun. Die sehr langen Anfahrtswege von der Schweiz aus wurden durch den regionalen Zusammenschluss der österreichisch-schweizerischen Wintersportplätze Ischgl und dem Samnaun wettgemacht. Damit hat sich Samnaun vom Einkaufstal zur Tourismusregion weiterentwickelt. Ein Verdienst, das auf die Initiative der Einheimischen zurückzuführen ist.

23. Lavin

Lavin–Guarda–Bos-cha–Ardez

Distanz	cirka 8 km
Aufstieg	252 m
Abstieg	232 m
Wanderzeit	cirka 3½ Std.
Charakteristik	leicht ansteigend bis Guarda, eben bis Bos-cha, dann leicht abfallend
Anreise/Rückreise	mit RhB oder PW zum Ausgangspunkt Lavin, von Ardez zurück nach Lavin mit RhB
Auskunft	Lavin-Turissem

Die Wanderung

Vom Bahnhof Lavin (1412 m) gehen wir in östlicher Richtung zur Kirche mit einer sehenswerten Kanzel und einer eigenartigen Mandorla im Chor. Hier folgen wir dem gelben Wegweiser nach Guarda, gehen unter der Umfahrungsstrasse und Bahn hindurch und dem gemächlich ansteigenden Fahrsträsschen entlang, das einst die Hauptstrasse des Engadins war. Die kleinen Unterstände links der Strasse boten früher den Reisenden Zuflucht bei Lawinenniedergängen. Nach einem weiteren Kilometern Marsch überqueren wir in der Val Tuoi auf der Brücke den Clozzabach und nach wenigen Metern erreichen wir die Zufahrtsstrasse nach Guarda (1653 m). Man schaltet hier gerne eine Rast ein, denn Guarda ist ein besonders typisches Engadinerdorf. Oben im Ort, beim Hotel Piz Buin, geht die Strasse weiter nach Bos-cha (1664 m). Hier haben wir den höchsten Punkt

Lavin

der Wanderung erreicht und der Weg fällt nun kontinuierlich nach Ardez (1432 m) hinunter. Von hier fahren wir mit der Bahn zurück zum Ausgangspunkt Lavin.

Weitere Vorschläge

Guarda–Giarsun–Lavin cirka 1½ Std.
Ardez–Ftan 1½ Std.

Engadinerdörfer

Der Chronist Sererhard schrieb: «... so wird man daher in keinem Land schönere, grössere und ansehnlichere Dörfer finden, als eben im Engadin, allwo manches Dorf eine Parade machet, wie eine ziemlich schöne Stadt.»

Und diese Aussage findet man in den Dörfern des Unterengadins immer wieder bestätigt.

Dorfbrände, denen zum Beispiel 1869 auch Lavin zum Opfer fiel, waren aber oft die Ursache, dass beim Wiederaufbau der Charakter des typischen Engadinerdorfes verloren ging. Als wichtige historische Zeugen blieben in Lavin die Kirche und einige Häuser am südwestlichen Dorfausgang erhalten. Heute darf man gespannt sein, ob und welche Veränderungen dem Dorf mit der Eröffnung des Vereinatunnels bevorstehen.

Schon von weitem grüsst das Dorf Guarda ins Tal hinaus. Der Name «Warda» soll erstmals im Jahre 1160 erschienen sein und vom altgermanischen «Warte» abgeleitet werden. Durch dieses Bergdorf mit seinen auch durch Sgraffitti geschmückten Häusern führte einst der Talverkehr. Heute gehört es zu den «Ortsbildern von nationaler Bedeutung». Die Häuser stammen aus der Zeit des Wiederaufbaus nach Baldirons Rachefeldzug durch das Engadin im Jahre 1622. Selina Könz und Alois Carigiet haben dem Dorf mit den Kinderbüchern «Schellenursli» und «Flurina» ein Denkmal gesetzt. Noch immer bilden die Brunnen das Zentrum des Dorfgeschehens und die Erker an den Häusern waren für die früheren Dorfbewohner das, was für uns heute die modernen Medien bedeuten. Um die behäbigen Häuser aber, durch deren 5-teilige Tore einst die Heufuder in die rückwärtig gelegenen Ställe fuhren, ist es ruhig geworden. Kein Vieh mehr, das im Winter täglich zum Brunnen an die Tränke und wieder

Lavin

Ardez

zurück in die Ställe trottet. Die Bauernbetriebe, die einst dem Dorfleben die Dynamik gaben, sind ausgesiedelt. Mit den neu erstellten Parkplätzen ausserhalb des Dorfes wurden die Belästigungen durch den Autoverkehr ebenfalls beseitigt. Ruhe und Stille herrscht in den vom Kranz der Berge umgebenen Dörfern.

Ostwärts geht der Weg weiter durch Wiesenflächen und Lärchenhaine hinüber nach Bos-cha. Ein Name, der vielleicht mit «Haus im Wald» erklärt werden könnte. In diesem Weiler springt uns eine bauliche Besonderheit ins Auge, ein Unikat im Engadin. Es ist die Fassade des Hauses Viletta mit seiner geschweiften Giebelmauer, die vermutlich das Werk eines Tiroler Baumeisters ist, der hier «Ynnsprugerisch und intalisch mit verbogenen Dächern gegen fewer» baute. Mit dieser städtebaulichen Massnahme von 1518 wollte Kaiser Maximillian bewirken, dass sich das Feuer bei Stadtbränden nicht über die vorstehenden Holzkonstruktionen der Dächer ausbreiten konnte. Der Vergleich mit dem barocken «Senter Giebel» ist naheliegend, doch ist der Unterschied bei den Übergängen von Fassade zu Dach augenfällig.

Auf dem Weg nach Ardez erkennt man das Dorf mit der Ruine Steinsberg und das Schloss Tarasp auf einen Blick. Eine geschichtsträchtige Landschaft.

In Ardez stehen heute 33 Baudenkmäler, die ab 1975 mit Bundesgeldern restauriert wurden. Diese Massnahme diente der Erhaltung des Dorfbildes, aber das Wohnungsproblem konnte damit nicht gelöst werden. Mit der Aussiedlung der Landwirtschaft und dem Bau der Umfahrungsstrasse 1978 ist es im Dorf sehr ruhig geworden, und man ist froh um alle Impulse, die den Bevölkerungsrückgang aufhalten.

24. Val Müstair

Fuldera–Valpaschun–Craistas–Sta. Maria

Distanz	cirka 8 km
Aufstieg	cirka 260 m
Abstieg	cirka 500 m
Wanderzeit	cirka 2½ Std.
Charakteristik	vorwiegend gepfadete, verkehrsarme Fahrstrasse und gepflegter Winterweg
Restaurant	in Fuldera und Sta. Maria
Anreise/Rückreise	Mit Postauto oder PW über den Ofenpass nach Fuldera. Nach der Wanderung ab Sta. Maria mit Bus zurück zum Ausgangspunkt.
Auskunft	Turissem Val Müstair

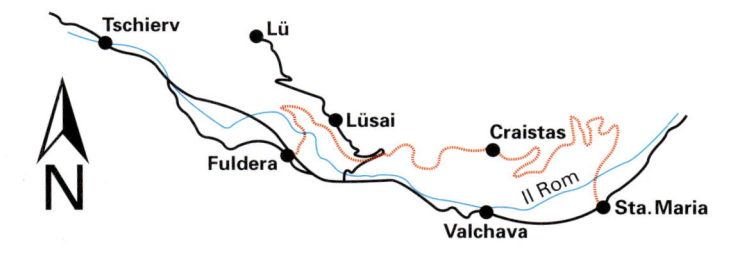

Die Wanderung

Nordöstlich des Dorfes Fuldera überquert man vorerst die Umfahrungsstrasse und folgt dem Weg nach L'Aqua hinüber. Nach der Brücke, die über den Rombach führt, steigen wir kurz an und wandern der Talflanke entlang zur Strasse die nach Lüsai und Lü hinaufführt. Wir folgen dieser Strasse cirka 400 m abwärts. In der nächsten Haarnadelkurve zweigt ein schmales Strässchen nach Valpaschun-Craistas ab. Leicht ansteigend durch einen schönen Lärchenwald erreichen wir vorerst den Weiler Valpaschun und nach weiteren 1,5 km Craistas (1877 m). Gleich unterhalb des Weilers geht man auf der Fahrstrasse hinunter nach Sta. Maria (1375 m).

Weitere Vorschläge

Tschierv–Lü–Fuldera–Tschierv cirka 2½ Std.
Sta. Maria–Pizzet–Müstair 1 Std.

Märchenhafte Winterstimmungen

Winterabend auf Süsom Givè; drüben am fernen Ortler verliert sich das zarte Licht der letzten Sonnenstrahlen auf den einsamen Gletschern. Unten im Tal hält die Dämmerung Einzug und immer mehr Lichter leuchten auf. Einsame Wälder, weite Wiesen versinken langsam in der Winternacht. Hier oben treibt uns der eisige Nachtwind bald ins Auto zurück. Während wir auf der Strasse gemächlich ins abgeschiedene Münstertal hinunter fahren, erscheint der Vollmond unverhofft und spielt in der Schneelandschaft mit sanftem Licht und dunklen Schatten und wir freuen uns auf den Abend im Dorf mit unseren Bekannten.

Mit einer Bodenfläche von über 190 km^2 und rund 1700 Einwohnern gehört das Münstertal (die Val Müstair) mit kaum 10 Einwohnern pro km^2 zu den dünnbesiedelten Regionen der Schweiz. Dazu kommt die periphere Lage des östlichsten Tales der Schweiz, das geographisch bereits zum Vintschgau gehört. Von dort wanderten in der Broncezeit die ersten Siedler ein. Während von Müstair bis Valchava noch Acker- und sogar etwas Obstbau betrieben werden kann, ist ab Fuldera nur noch Viehzucht und Alpwirtschaft möglich. Die Strasse über den weitläufigen Ofenpass ist die einzige Verbindung mit der Schweiz und führt teilweise durch den schweizerischen Nationalpark.

Unter solchen Voraussetzungen braucht es eine Talbevölkerung die sich zum Optimismus bekennt. Die sechs Gemeinden Tschierv, Lü, Fuldera, Valchava, Sta. Maria und Müstair suchen darum untereinander auch immer wieder die Zusammenarbeit in verschiedenen Aufgaben, so auch im Tourismus. Als wichtigstes Kulturgut des Tales ist die Klosterkirche St. Johann zu bezeichnen. Sie ist im Register der Unesco unter den Weltkulturgütern aufgeführt und stammt aus dem 9. Jahrhundert. Teile der Wandmalerei gehen auf die Entstehungszeit zurück, sind also bis zu 1200 Jahre alt.

Das Klima im Münstertal ist relativ mild und windgeschützt. Es gibt in der Schweiz keine ganzjährig bewohnten Orte, die mehr Son-

Val Müstair

Geheimtip im Winter: das Münstertal

nenstunden aufweisen als Lü und Craistas. Dies mag mit ein Grund sein, dass die Wälder im Münstertal bis gegen 2300 m ansteigen. Im Winter, wenn die Natur ruht, findet das Leben der Bewohner fast ausnahmslos in den Dörfern statt und man trifft sich an langen Winterabenden zum Gespräch und erfährt manches aus dem Leben im Tal. Die Hotels weisen oft einen erstaunlichen Komfort auf und jedes trägt die persönliche Note der Besitzerfamilie. So werden für ruhesuchende Gäste Winterferien im Münstertal zu einem grossartigen Erlebnis, vor allem darum, weil man sich als Gast zuhause fühlt.

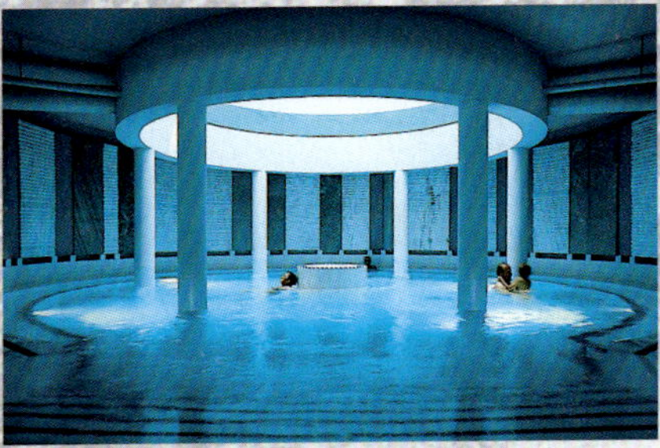

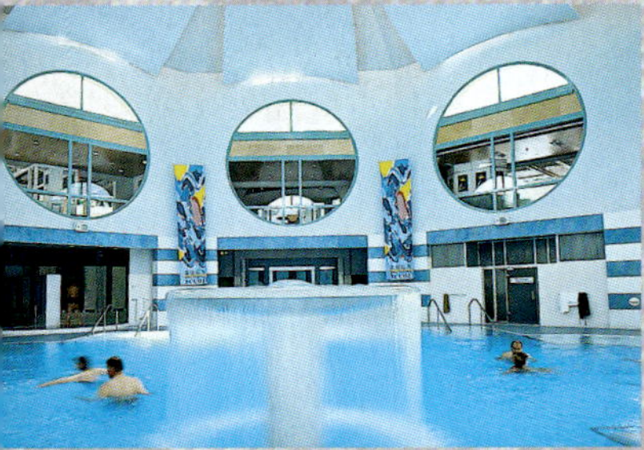

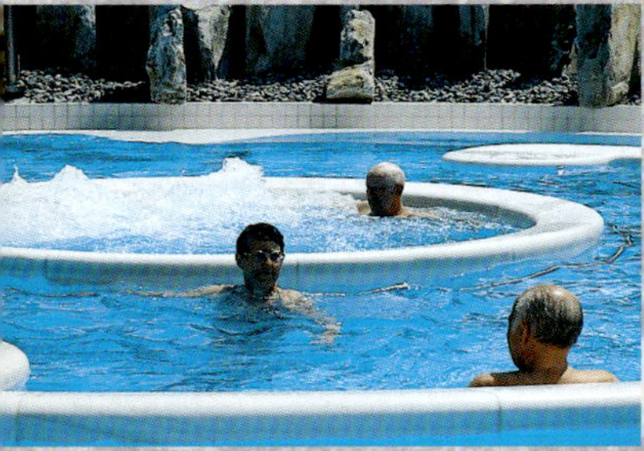

Unten warm und oben kalt

Wer an alte Heilbäder denkt, sieht meistens Bilder von Menschen, die stundenlang in Holzbottichen schmoren. Heilbaden war jedoch schon früher ein gerne gesuchtes Vergnügen, vor allem weil es dazu oft lustige Feste gab. An die Möglichkeiten der heutigen Wellness-Landschaften hatte man damals natürlich nicht im Traum gedacht. Heute kann man im Duft, im Sprudel, im Gegenstrom, römisch oder irisch, in Meeralgen, draussen oder drinnen, im Felsendom oder im Dampf baden. In den neuen Bädern von Vals, Scuol und Andeer ist Wellness ein besonderes Vergnügen. Für das gemütliche Entspannen nach einer anstrengenden Tour genügt auch ein Hallenpool oder ein Whirlpool, und diese gehören in vielen Hotels zum Gästeangebot.

25. Scuol

Motta Naluns–Prui–Ftan

Distanz	cirka 6 km
Abstieg	cirka 500 m
Wanderzeit	cirka 1½ Std.
Charakteristik	Höhenweg mit angenehmem Abstieg auf gut präparierten Wegen
Restaurant	in Motta Naluns und in Prui
Anreise/Rückreise	Bergbahn nach Motta Naluns. Nähe Bahnhof Scuol auch Parkplatz. Rückfahrt ab Ftan mit Postauto zurück nach Scuol.
Auskunft	ENGADIN/Scuol Tourismus AG

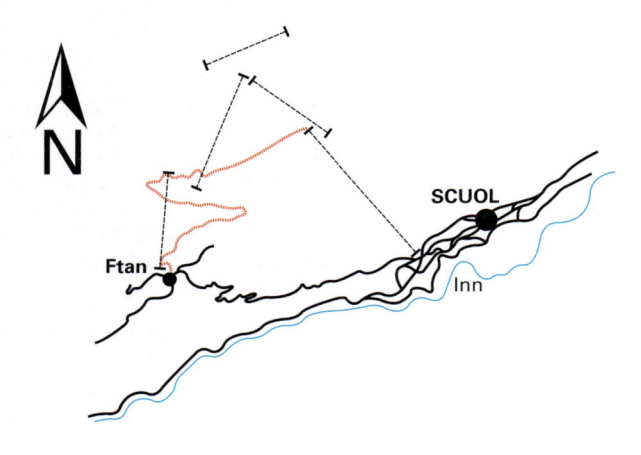

Die Wanderung

Von Motta Naluns (2142 m), dem Wintersportzentrum des Unterengadins, führt ein herrlicher Panoramaweg, mit Sicht auf die Berge und in das Scarltal, leicht abwärts hinüber nach Prui (2058 m) und weiter auf dem gespurten Weg zum Dorf Ftan (1633 m) hinunter.

Scuol

Weitere Vorschläge

Ftan–Ftan pitschen–Scuol Bahnhof cirka 1½ Std.
Tarasp–Lai Nair–Avrona–Chants–Tarasp Vulpera cirka 1½ Std.

Eine eindrückliche Landschaft

Scuol mit dem ersten «Römisch-Irischen Bad» in der Schweiz und den attraktiven Wintersport-Anlagen hat in den letzten Jahren aufgeholt und macht seiner alten Bädertradition alle Ehre. 16 Transportanlagen führen Wintersportler und Wanderer in die Höhe auf Traumpisten und auf ideale Wanderwege mit der unvergleichlichen Aussicht auf die Unterengadiner Dolomiten. Aber auch im Tal, dem Inn entlang nach Sur En und in den Hügeln von Tarasp Vulpera sowie in den Dörfern, warten unzählige Überraschungen. Ein Ort, der geschichtliche Bedeutung hat, ist der Kirchhügel in Scuol sot mit dem Friedhof und der Kirche aus dem Jahr 1516, weiter das Schloss Tarasp mit seiner talbeherrschenden Lage. Auf der linken Talseite laden die Dörfer Ftan und Sent auf ihren Sonnenterrassen die Wanderer zum Besuche und zu immer neuen Entdeckungen ein.

Neues aber bahnt sich im Unterengadin an: Wenn 1999 die rollende Strasse durch den Vereinatunnel eröffnet wird, werden die Anfahrtszeiten aus der Region Zürich um die Hälfte verkürzt, und die Region rückt somit näher zum Zentrum der Schweiz.

Val Poschiavo

Das Tal fällt von seinem höchsten Punkt auf dem Piz Palü (3905 m) bis zur Zollstation in Campocologno (522 m) um 3383 Meter ab und dies auf eine Distanz von nur cirka 22 km. Zwischen diesen Höhenkoten liegt das Puschlav, das ein Gebiet mit einer Fläche von 238 km^2 umfasst. Dieses grosse Höhengefälle äussert sich ganz ausgeprägt im Talklima. Es ist darum hier nicht aussergewöhnlich, wenn gleichzeitig unten in den Gärten von Zalende die Frühkartoffeln geerntet werden, während oben auf dem Berninapass die Soldanellen durch die alte Schneedecke brechen. Das Puschlav, ein nach Süden abfallendes Quertal, verbindet das Veltlin mit dem Engadin.

Scuol

Schneeschuhläufer im Puschlav.

In den beiden Gemeinden Brusio und Poschiavo wohnen rund 5600 Einwohner, die von einem äusserst vielfältigen Gewerbe und von der Landwirtschaft leben. Die grössten Arbeitgeber des Tales sind die Kraftwerke Brusio und die Rhätische Bahn. Seit einiger Zeit gewann der Tourismus mit rund 3800 Gästebetten an Bedeutung.

Der Name Poschiavo wird von «postclave» abgeleitet, was soviel wie «Kloster hinter oder zwischen den Schlüsseln» bedeutet. Diese Deutung wird durch die zwei Schlüssel im Wappen von Poschiavo bestätigt. Mit den «Schlüsselstellen» sind die Talzugänge gemeint, die mit in der Talenge von Campocologno und dem Berninapass gegeben sind.

26. Val da Camp

Sfazù–Lungacqua

Distanz	cirka 5 km
Höhendifferenz	cirka 360 m
Wanderzeit	cirka 2 Std.
Charakteristik	auf der verkehrsfreien Talstrasse leicht ansteigend. Rückweg auf der gleichen Route. Verpflegungsmöglichkeit in Sfazù, sonst aus dem Rucksack.
Anreise/Rückreise	mit dem PW über den Berninapass oder von Poschiavo aus nach Sfazù (Postkurse nur vom 21.6. bis 18.10.)
Auskunft	Ente turistico Valposchiavo

Die Wanderung

Bei Sfazù (1620 m) verlässt man die Berninapassstrasse und steigt auf der verkehrsfreien Fahrstrasse über Salva (1741 m), Salina (1892 m) nach Lungacqua auf, wo sich die SAC Hütte im Val da Camp befindet. Zurück nach Sfazù wandert man auf dem gleichen Weg.

Weitere Vorschläge

Cavaglia–Cadera–Poschiavo cirka 2 Std.

Einsames Val da Camp

Das Val da Camp, dem wir uns nun zuwenden, ist das bedeutendste Seitental im Puschlav und eines der schönsten überhaupt. Dem Wanderer erschliesst sich hier eine Naturlandschaft von seltener Vielfalt. Selbst im Winter, wenn vieles davon unter der Schneedecke verborgen liegt, wird man dieses Tal nie eintönig finden. Die Maiensässe und Alpen, auf denen im Sommer das Vieh weidet und Bergheu eingebracht wird, stehen nun verlassen in der Landschaft. Die Touristenströme, die sich auf den Wegen durch das Tal bewegen, fallen im

Val da Camp

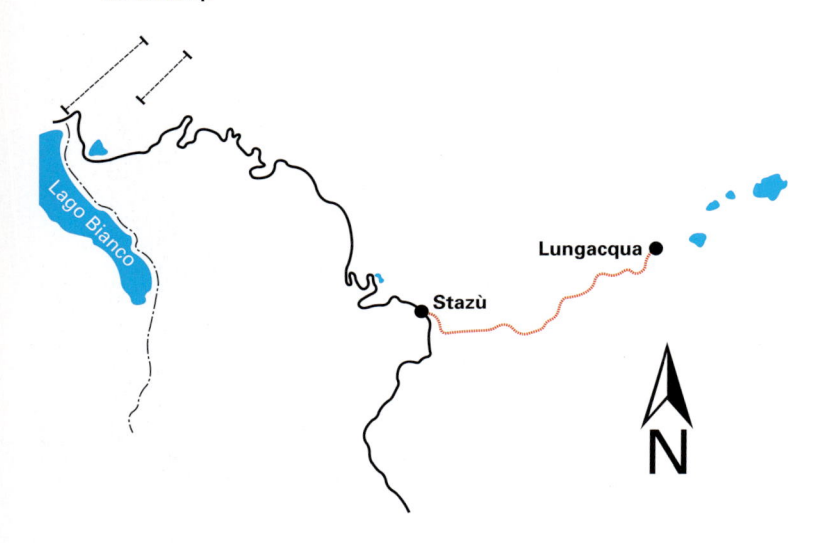

Winter fast vollständig aus. Für uns die richtige Voraussetzung, die einsamen Schönheiten der Winterlandschaft in aller Ruhe zu geniessen. Die mächtigen Arvenwälder im Hintergrund des Tales wuchsen auf den Trümern des Saoseo-Bergsturzes, der nach der letzten Eiszeit 80–100 Mio. m³ Felsbrocken auf einer Fläche von rund 1,3 km² ablagerte.

Bei der Saoseo Hütte des SAC enden die Wegspuren im Winter. Einst bestand über den Violapass ein bescheidener Grenzverkehr durch das Val Viola zum Foscaniopass und weiter nach Bormio. Eine bescheidene Kapelle erinnert an jene Zeit, wo sich Reisende und Talleute hier zur Andacht einfanden. Selbst der gefährliche Schmuggel über den Violapass und über den Pass da Sach ist seit längerer Zeit zum Erliegen gekommen.

Während wir an der Wintersonne sitzen, erinnern wir uns an die Worte, die Wolfgang Hildesheimer über das Val da Camp schrieb:

«Eine Traumlandschaft, in der jedes leichte Wasserplätschern ein Echo wirft und wo jedes laut gesprochene Wort minutenlang in der Luft stehen bleibt wie ein akustischer Fremdkörper.»

Val da Camp

Das Val da Camp, eine Traumlandschaft

Lenzerheide–Surses–Albula

Mittelbünden mit den vier Kreisen Alvaschein, Belfort, Bergün und Oberhalbstein bildet das geographische Zentrum Graubündens. Das Gebiet umfasst eine Fläche von rund 400 km² mit kaum 6000 Einwohnern. Verteilt man diese Bevölkerung auf die 25 Kreisgemeinden, so ergibt sich pro Gemeinde eine durchschnittliche Zahl von 240 Personen. Dabei sollte man berücksichtigen, dass in der Gemeinde Vaz/Obervaz allein ein Drittel der Bevölkerung wohnt. Daraus wird verständlich, dass von kleinen Gemeinden der Zusammenschluss gesucht wird, um die Verwaltungen zu rationalisieren.

Die Landwirtschaft ist neben dem Tourismus verhältnismässig stark vertreten.

Mit den Sportzentren Savognin/Bivio und Lenzerheide/Parpan ist die Region eine wahre Fundgrube für Freunde des Schneewanderns. Oben am Septimer im Val Tgavretscha und in Capalotta am Julierpass beginnen gespurte Wanderwege und sie führen nach Bivio und weiter bis gegen den Marmorerasee hinunter. Der Weg von Sur aus auf die Geländeterrasse der Alp Flix, wo man, umgeben von den Bergen, wunderschöne Aussichtspunkte findet, führt durch eine weniger bekannte Gegend. Oder wir kommen über Rona nach Tinizong und finden hier das Winterwegnetz der Region Savognin, das sich über Felder und durch Wälder hinauf zu den Skiregionen ausbreitet. Der linken Talflanke entlang ziehen wir hinaus nach Mon und Stierva, ja bis hinunter nach Tiefencastel. Das ist aber nicht alles: Erst wenn man über Alvaschein, Zorten und Lain durch den God da Lain zum Weiler Tgantieni und weiter gegen den Crap la Pala aufgestiegen ist, bekommt man den Überblick. Die Täler gegen den Julier- und Albulapass, zusammen mit der Sportregion Lenzerheide/Valbella liegen offen vor uns. Jedes Jahr wird das Wegnetz erweitert, indem man auf Meliorationsstrassen zurückgreifen kann, die im Winter von der Land- und Forstwirtschaft nicht benützt werden. Somit erschliesst sich eine wunderschöne Wanderlandschaft im Herzen des Kantons Graubünden.

Die Winterwanderstrecke auf der Lenzerheide eignet sich besonders für Familien.

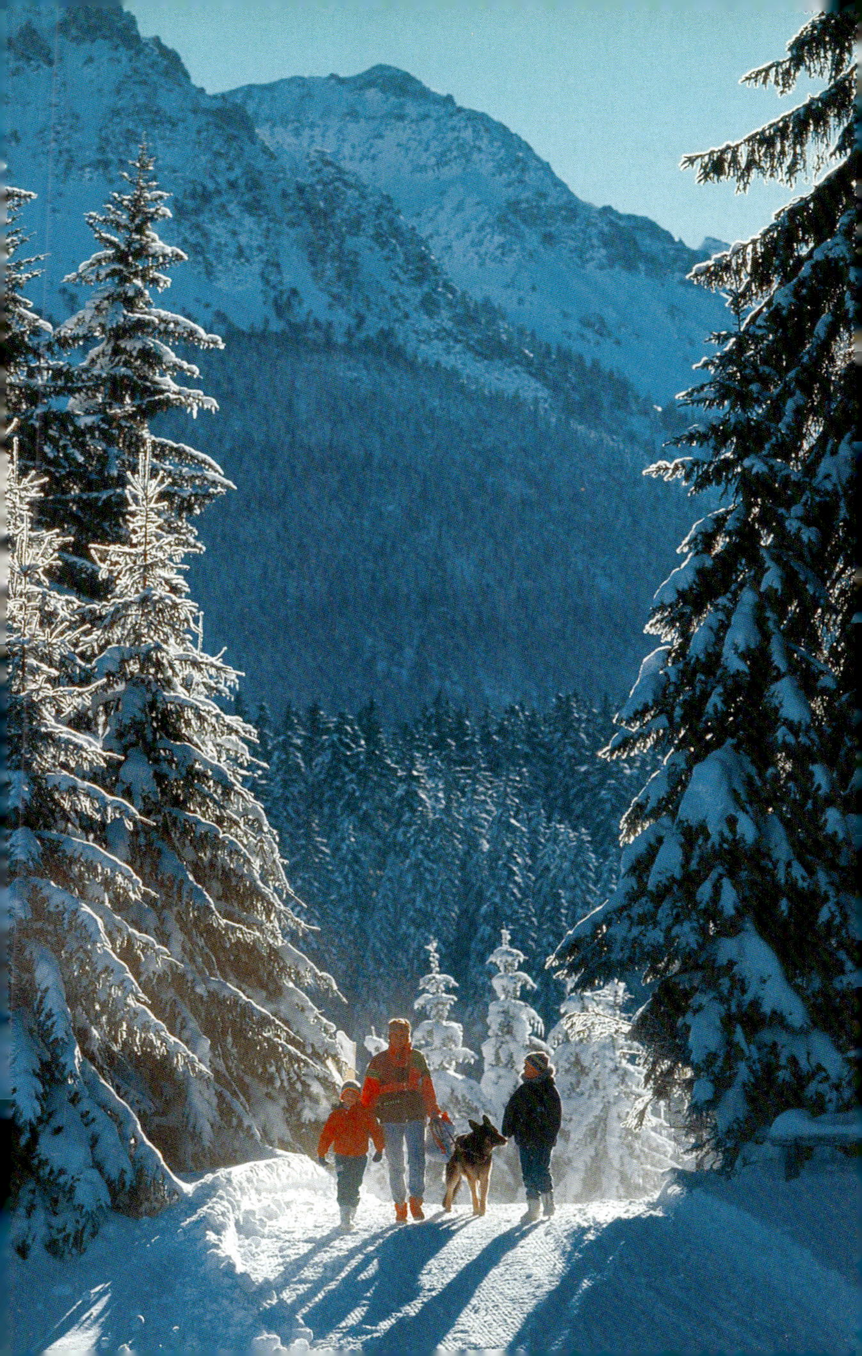

27. Parpan

Parpan–Tschuggen–Oberberg–Churer Joch

Distanz	cirka 5,5 km
Aufstieg	cirka 527 m
Wanderzeit	cirka 2½ Std.
Charakteristik	Gepflegter Winterweg mit wechselndem, aber nicht sehr steilem Aufstieg. Abstieg auf der gleichen Route, mit Variante über Mittelberg zurück nach Parpan.
Anreise/Rückreise	mit Postauto oder PW nach Parpan
Auskunft	Tourismusbüro Parpan

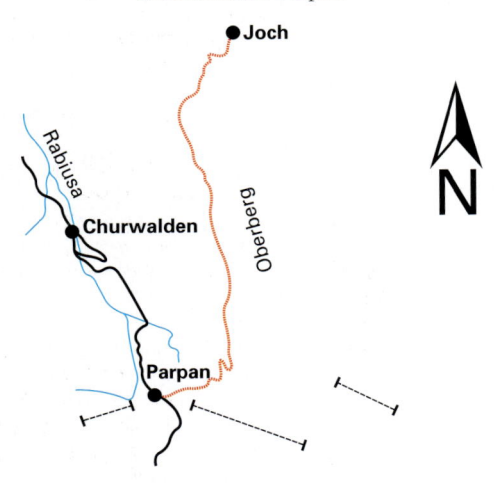

Die Wanderung

Bei der Post Parpan (1493 m, Wegweiser), folgen wir der Fahrstrasse am Berghof des Plantahofes vorbei zum Bergrestaurant Tschuggen (1647 m). Nochmals steigt der Weg leicht zum Oberberg und weiter nach Foppa (1753 m). Nun führt der Weg dem Hang entlang zum Punkt 1841 hinauf und dann wieder etwas flacher über die Alpweiden der Jochalp zum Berghaus Churerjoch (2020 m).

Parpan

Der frischgepflügte Weg lädt zu einem Winterspaziergang ein. Im Hintergrund das Parpaner Rothorn und das Lenzerhorn.

Von der Anhöhe oberhalb des Berghauses hat man einen überraschenden Tiefblick auf Chur.

Später im Terrassenrestaurant bekommen wir mit etwas Glück und Geduld einen Fensterplatz und können die prächtige Aussicht in die weite Tallandschaft von Valbella/Lenzerheide geniessen. Heute jedoch wechselt die Stimmung schnell, von Norden her schiebt sich eine dunkle Wolkenbank über den Himmel. Das Spiel von Licht und Schatten verliert sich in Grautönen, die sich in Minutenschnelle über die Landschaft legen. – Man wähnt sich in einem der weiten, einsamen Flusstäler in Lappland oder Kanada – doch nein – wir haben die «Lenzer Heide» mit ihren Nadelwäldern vor uns, so wie sie nach der letzten Eiszeit entstanden ist.

Auf dem Rückweg nehmen wir den gleichen Weg bis Oberberg, dann wählen wir als Variante den Winterwanderweg rechts durch den Wald hinunter zum Mittelberg und zurück nach Parpan.

Parpan

Weitere Vorschläge:

Parpan–Heidsee–Parpan cirka 1½ Std.
Parpan–Valbella–Parpan cirka 1 Std.
Parpan–Mittelberg–Salez–Churwalden cirka 1½ Std.

Kleinode an der «oberen Strasse»

Noch heute sind in Parpan Strassenreste der früheren Septimer- und Julierroute zu finden, die der Römerzeit zugeordnet werden.

Die Kirche jedoch entstand erst im Jahre 1489 und war St. Anna, der Schutzpatronin der Bergleute, geweiht, denn bis 1618 wurde am Parpaner Rothorn Bergbau betrieben. Beim Bergsturz von Plurs 1613 kam die Familie Vertemati ums Leben, was zur Aufgabe des Bergbaues am Rothorn führte.

Die Kirche wurde nach 1620 eingewölbt und ein neuer Chor gebaut. Den Turm erstellte man 1633 abseits auf dem Bühl. Das reizvolle «Schlössli» wurde Mitte des 16. Jahrhunderts durch die Familie Hartmann erbaut. Der Name dieser Familie ist oben im Turm auf einer Glockeninschrift zu finden.

Parpan gehörte früher zu Churwalden und wurde erst 1770 selbständige Gemeinde.

Der eigentliche Aufschwung im Tourismus begann in den 70er und 80er Jahren mit einem Bauboom, der für die Landschaft nicht ohne Folgen blieb. Auch Planierungen im Gelände mussten vorgenommen werden, damit die Skipisten den Erfordernissen der Gäste zu genügen vermochten. Das Winterwandern ist in der Landschaft von Parpan, Valbella, Lenzerheide ein traditionelles Betätigungsfeld für Feriengäste und Tagestouristen und wird durch die sorgfältige Bereitstellung und Erweiterung eines attraktiven Wanderwegnetzes zusätzlich aufgewertet.

28. Savognin

Savognin–Sot Curt–Riom–Tigignas–Radons

Distanz	cirka 10 km
Aufstieg	cirka 720 m
Wanderzeit	cirka 4 Std.
Charakteristik	Gespurte Winterwege von Dorf zu Dorf und durch Maiensässlandschaften leicht ansteigend mit Verpflegungsmöglichkeiten unterwegs. Rückkehr zum Ausgangspunkt mit der Gondelbahn.
Anreise/Rückreise	mit Postauto oder PW nach und ab Savognin
Auskunft	Savognin Tourismus

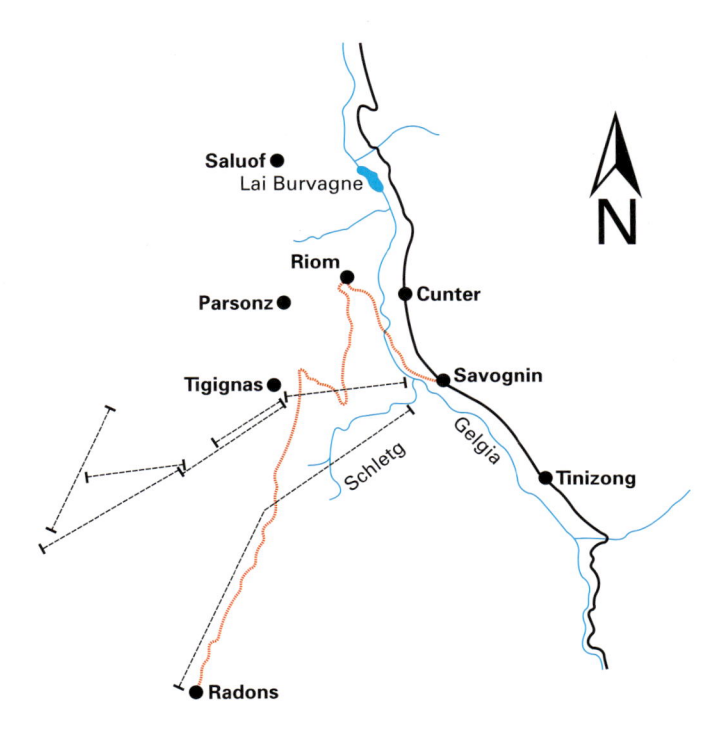

Die Wanderung

Beim Dorfteil Sot Cuort (1173 m) geht man vorerst rechts über den Schletgbach und wandert nach Riom (1257 m) mit der von weither sichtbaren Burgruine hinüber. Auf dem Dorfplatz mit dem grossen Brunnen wählt man den Weg rechts nach Parsonz (1398 m) hinauf. Mit herrlicher Aussicht über das Tal, gehen wir an den Feriensiedlungen von Talvangas und Tigignas (1562 m) vorbei und kommen durch einen schönen Fichtenwald in die Val Nandro nach Radons (1893 m). Praktisch auf der ganzen Wanderung teilt man den Weg mit Schlittlern und Skifahrern, aber man kommt sich nicht in die Quere. Wie unterwegs, so gibt es auch in Radons gute Restaurants, wo man sich ausruhen und stärken kann. Die Rückfahrt nach Savognin hinunter kann man von der Gondelbahn aus geniessen, oder einen Schlitten mieten für die Fahrt nach Tigignas, oder gar bis nach Savognin hinunter.

Weitere Vorschläge

Savognin–Cunter–Salouf–Parsonz–Tigignas und mit der Sesselbahn zuück zum Ausgangspunkt cirka 3 Std.

Skigebiet in einer alten Kulturlandschaft

Südlich von Savognin, bei Mot la Cresta und in Riom, konnte anhand von archäologischen Grabungen nachgewiesen werden, dass die Umgebung bereits in der Bronce- und Römerzeit begangen und besiedelt war. Möglicherweise waren erste Bewohner auf der Suche nach Erzen ins Tal gelangt. Die Römerstrasse führte vom Septimer und Julier her nach Chur und weiter nach Bregenz (Bregantium). Die erste bekannte Urkunde erwähnt Savognin als bischöflichen Hof, der an der linken Seite der Julia gelegen haben soll. Kenner finden in Savognin heute noch Spuren des baufreudigen Kapuziners Francesco Maria da Vigevano aus dem 17. Jahrhundert. Von ihm zeugen auch die Michaelskirche und die Marienkirche, zudem die Brücke über die Julia.

Der Kunstmaler Giovanni Segantini hinterliess ein reiches Erbe, das während seiner Schaffenszeit in Savognin entstand.

Savognin

Auf dem Weg von Riom nach Savognin.

Der Wintertourismus blühte in Savognin eigentlich erst in der Mitte unseres Jahrhunderts auf und bildete die Basis zum heutigen modernen Wintersportzentrum. Die Klimaerwärmung und eine Reihe von schneearmen Wintern hatten zur Folge, dass die Skigebiete in immer höhere Regionen verlegt und die Talabfahrten mit aufwendigeren Kunstschneeanlagen ausgestattet werden mussten.

29. Bergün

Bergün–Latsch–Stuls–Bergün

Distanz	cirka 10,5 km
Höhendifferenz	cirka 210 m
Wanderzeit	cirka 3 Std.
Charakteristik	gespurte Wege auf Fahrstrassen, schöne Aussicht Einkehrmöglichkeiten unterwegs in Latsch
Anreise/Rückreise	mit RhB oder mit PW, Parplatz Nähe Bahnhof
Auskunft	Bergün Tourismus

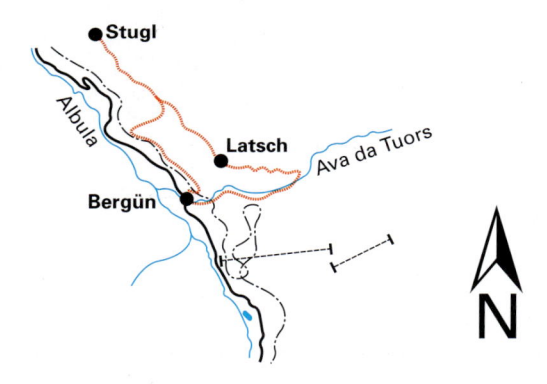

Die Wanderung

Vom Bahnhof (1373 m) aus schlagen wir den Weg Richtung Val Tuors ein. Nach cirka 2 km beim Plan Tizolas (1474 m) biegen wir links ab und gehen auf der Strasse nach Latsch (1588 m) weiter. Hier an der Sonne geniesst man eine wunderschöne Aussicht, bevor man nach Stugl/Stuls (1551 m) weiterwandert. Die kleine Kirche birgt ein restauriertes romanisches Fresco und ist für Besucher geöffnet. Zurück geht man auf dem gleichen Weg bis Buorchas und kehrt auf der Fahrstrasse zum Ausgangspunkt Bergün zurück.

Bergün

Der Meierturm am Dorfplatz von Bergün.

Weitere Vorschläge

Bergün Bahnhof–Dorf–Kirche–Talstation Darlux Bahn–Campingplatz–Islas–Sägerei–Bergün cirka 1 Std.

Winterliche Verträumtheit in Bergün

Bergün, das Dorf zuoberst im Albulatal, mit den behäbigen Engadinerhäusern beidseits der Strasse, dem weiten Dorfplatz, dem altehrwürdigen Turm, sowie den zum zentralen Brunnen gerichteten Hausfassaden, strahlt Ruhe und Zusammengehörigkeit aus, und die gemütlichen Hotels laden zum Verweilen ein.

Im Winter spürt man nichts von der Hektik des Durchgangsverkehrs zum Albulapass. Dafür pilgert jede Stunde das fröhliche Volk der Schlittler zum Bahnhof, fährt mit den Zügen der RhB nach Preda hinauf und kehrt nach sausender Abfahrt, das letzte Stück zu Fuss, ins Dorf zurück. In der Kälte ist die Lust auf einen wärmenden Punsch oder Glühwein erwacht, man wärmt sich auf und wartet

Bergün

wohlgestärkt auf die nächste Bergfahrt. Dies ist die bekannteste, aber nicht die einzige Attraktion in Bergün. Eine weitere bietet die Sportbahn Darlux, wo man nach einem Skitag an der Sonne auch noch eine Schlittenfahrt durch den verschneiten Crestawald geniessen kann. Zudem machen kleine Skirennfahrer ihre ersten Schussfahrten jenseits des Dorfes am Skilift Pradatsch. Bergün ist aber auch für Winterwanderungen ein kleines Paradies.

Das Passdorf Bergün, in weiten Wiesenflächen am Fusse des Albulapasses gelegen, hat in den letzen hundert Jahren grosse Veränderungen durchgemacht. Durch den Bau der Albulalinie der Rhätischen Bahn wandelte sich das Dorf von der Pferdestation am Albulapass zum Kurort. Veränderungen im Dorfleben entstanden auch durch die strukturbedingten Aussiedlungen von landwirtschaftlichen Betrieben. Infrastrukturen für den Tourismus, wie Hotels und Ferienwohnungen, mussten erstellt werden. Daneben be-

Oberhalb Bergün liegt das Dörflein Latsch.

Bergün

Stugl/Stuls: ein versteckter Weiler.

müht man sich, zusätzliche Arbeitsplätze in gewerblichen Betrieben zur Verfügung zu stellen. Ein Beispiel dafür ist die Gemeindesägerei, in der man das Nutzholz aus den Gemeindewäldern mit einheimischen Arbeitskräften weiter verarbeiten kann. Um die vorgesehene Aktivierung der Mineralwasserquellen ist es in letzter Zeit allerdings wieder still geworden.

Ein altes Kulturdenkmal aus dem Jahre 1188 besitzt Bergün mit seiner Dorfkirche, deren Decke, zusammen mit der Kanzel, von Fachleuten als historisch wertvoll eingestuft wird. Ein weiteres Baudenkmal ist der dominante Turm beim Dorfzentrum. Dessen Alter konnte noch nicht bestimmt werden, aber man weiss, dass er nach einem Brand im Jahre 1323 wieder aufgebaut wurde. In Stugl, das 1921 der Gemeinde Bergün angegliedert wurde, weist die Kirche ebenfalls sehenswerte, restaurierte Wandfresken auf.

Ein kulturelles Ereignis besonderer Art aus neuester Zeit waren die Aufnahmen für die Fernsehreihe «Die Direktorin».

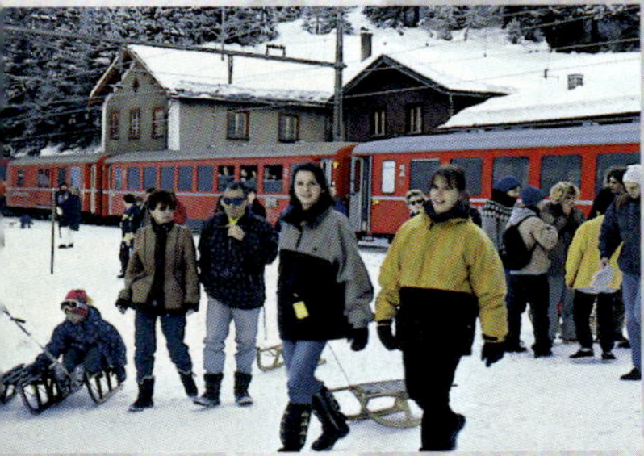
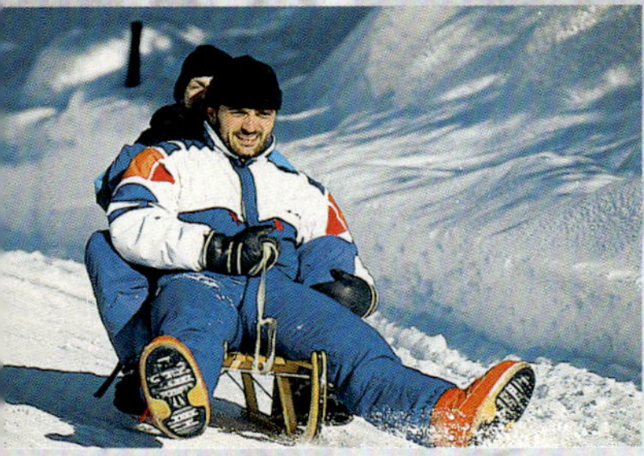
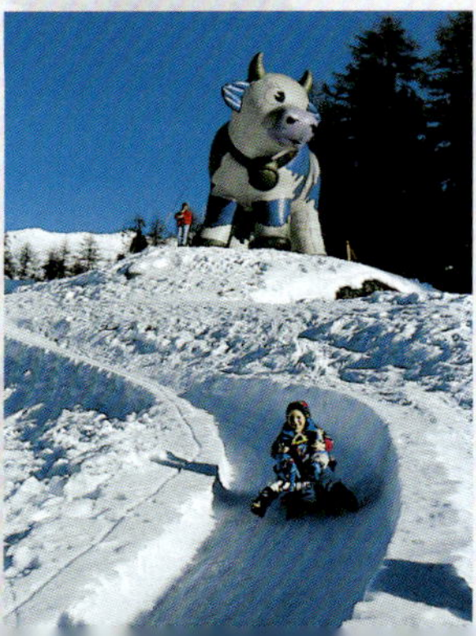

Rasante Fahrt auf Kufen

Schon in der Steinzeit sind Schlitten zum Transportieren im Winter benutzt worden. Vermutlich wurde auch bald entdeckt, dass Schlitteln auch Vergnügen bereitet. So hat in Graubünden die «Schlitteda», der Brauch der Unverheirateten, eine lange Tradition. Natürlich hat man sich auch schon immer im Wettschlitteln gemessen. Diese Form des Schlittelns erlangte dann im Skeleton oder «Bauchschlitteln» und dem Bobsport auf den Bahnen von St. Moritz eine olympische Perfektion. In den letzten Jahren wurden überall neue Schlittelbahnen angelegt oder ausgebaut. Die wohl bekannteste führt auf der im Winter gesperrten Albulastrasse von Preda nach Bergün. Es ist eine Sportart für die ganze Familie, bei dem ein Sturz zwar gefährlich, meist aber zur Fröhlichkeit beitragen kann.

Informationen

Auskunft

Graubünden Ferien	Telefon 081 254 24 24, Fax 081 254 24 00 contact@graubuenden.ch, www.graubuenden.ch
Flims Tourismus	Telefon 081 920 92 00, Fax 081 920 92 01 tourismus@alpenarena.ch, www.alpenarena.ch
Laax Tourismus	Telefon 081 920 81 81, Fax 081 920 81 82 tourismus@alpenarena.ch
Falera Tourismus	Telefon 081 921 30 30, Fax 081 921 48 30
Tourismus Brigels/ Waltensburg/Andiast	Telefon 081 941 13 31, Fax 081 941 24 44 info@brigels.ch
Sedrun/Disentis Tourismus	Telefon 081 920 30 20, Fax 081 920 30 29
Verkehrsverein Val Lumnezia	Telefon 081 931 18 58, Fax 081 931 34 13 info@vallumnezia.ch
Mundaun Tourismus	Telefon 081 933 15 15, Fax 081 936 10 62 mundaun@bluewin.ch
Visit Vals	Telefon 081 920 70 70, Fax 081 920 70 77 visitvals@vals.ch
San Bernardino Ferien	Telefon 091 832 12 14, Fax 091 832 11 55 info@sanbernardino.ch
Verkehrsverein Thusis	Telefon 081 651 11 39, Fax 081 651 25 63 vvthusis@spin.ch
Splügen/Rheinwald Tourismus	Telefon 081 650 90 30, Fax 081 650 90 31 info@viamalaferien.ch
Avers Tourismus	Telefon 081 667 11 67, Fax 081 667 12 02 avers@viamalaferien.ch
Arosa Tourismus	Telefon 081 378 70 20, Fax 081 378 70 21 arosa@arosa.ch
Sportbahnen Hochwang	Telefon 081 374 18 33, Fax 081 356 48 12 info@hochwang.ch
Schanfigg Tourismus	Telefon 081 373 10 10, Fax 081 373 10 11 info@schanfigg-tourismus.ch

Chur Tourismus	Telefon 081 252 18 18, Fax 081 252 90 76 info@churtourismus.ch
Tourismus Bündner Herrschaft	Telefon 081 302 58 58, Fax 081 302 62 90 info@buendnerherrschaft.ch
Klosters Tourismus	Telefon 081 410 20 20, Fax 081 410 20 10 info@klosters.ch
Davos Tourismus	Telefon 081 415 21 21, Fax 081 415 21 00 info@davos.ch
St. Antönien Tourismus	Telefon 081 332 32 33, Fax 081 332 30 01 info@st-antoenien.ch
Kurverein Pontresina	Telefon 081 838 83 00, Fax 081 838 83 10 info@pontresina.com
Samedan Tourismus	Telefon 081 851 00 60, Fax 081 851 00 66 info@samedan.ch
Tourismusbüro Sils/Segl	Telefon 081 838 50 50, Fax 081 838 50 59 info@sils.ch
Tourismusbüro Silvaplana	Telefon 081 838 60 60, Fax 081 838 60 09 info@silvaplana.ch
Tourismus Samnaun	Telefon 081 868 58 58, Fax 081 868 56 52 info@samnaun.ch
Lavin-Turissem	Telefon/Fax 081 862 20 40 lavin@engadin.com
Turissem Val Müstair	Telefon 081 858 58 58, Fax 081 850 39 30 info@val-muestair.ch
ENGADIN/Scuol Tourismus AG	Telefon 081 861 22 22, Fax 081 861 22 23 info@scuol.ch
Ente turistice Valposchiavo	Telefon 081 844 05 71, Fax 081 844 10 27 info@valposchiavo.ch
Tourismusbüro Parpan	Telefon 081 382 12 63, Fax 081 382 21 48 tourismusverein@parpan.ch
Savognin Tourismus	Telefon 081 659 16 16, Fax 081 659 16 17 ferien@savognin.ch
Bergün Tourismus	Telefon 081 407 11 52, Fax 081 407 14 04 ferien@berguen.ch

Bibliographie

Karten

GIS-Daten Kanton Graubünden, BAW
Kümmerly+Frey: Graubünden 1:120000

LK 1:50000 Blatt Nr.:
237 Walenstadt
246 Sardona
248 Prättigau
249 Tarasp
256 Disentis
257 Safiental
258 Bergün
259 Ofenpass
267 San Bernardino
268 Julierpass
269 Berninapass

Benutzte Literatur

Terra Grischuna	Bündner Wanderführer 1–5
Meier Erhard	Kulturwege Graubünden
Degonda/Capaul/Egloff	Lumnezia und Valsertal
Dr. R. Jenny	Kulturgeschichte der drei Bünde
Martin Bundi	Besiedlungs- und Wirtschaftsgeschichte Graubündens im Mittelalter
Gerhard Deplazes	Senda Sursilvana
Otmaro Lardi/	
Silva Semadeni	Das Puschlav/Valle di Poschiavo
P. E. Müller	Val Müstair

Fotonachweis

Die Aufnahmen in dieser Ausgabe stammen von Foto Tiara, Romano Pedetti in Rothenbrunnen.

Ausgenommen davon sind Abbildungen auf folgenden Seiten:
Alpenarena Tourismus 14,15
Center turistic Breil/Brigels 19,20
Postauto Graubünden 36, 41
Henry Pierre Schultz 29
Davos Tourismus 70,72
Kurverein Pontresina 81
Scuol Tourismus 93
Samnaun Tourismus 95
Verkehrsverein Ardez 98
Societa da trafic Val Müstair 101
Verkehrsverein Zernez 104
Ente Touristico Valposchiavo 107
Tourismusverein Lenzerheide-Valbella 113
Verkehrsverein Churwalden 115
Sedrun Disentis Tourismus 30, 31
Livio Piatta 109

Die historischen Bilder stammen aus der Sammlung von Paul Caminada, Thalwil.

Wanderweg-Markierung

Wegweiser	Zwischenmarkierung	Klassifizierung
Wanderweg	(gelbe Raute)	**Wege für jedermann. Können ohne besondere Gefahren mit gewöhnlichem Schuhwerk begangen werden. Markierung: gelb.**
Bergwanderweg	(weiss-rot-weiss)	**Wege für bergtüchtige Wanderer. Zur Ausrüstung gehören wetterfeste Kleidung und geeignete Schuhe mit griffiger Sohle. Markierung: weiss-rot-weiss.**
Standorttafel	Culm 614 m	**Die Standorttafel enthält den jeweiligen Orts- oder Flurnamen sowie die Höhenangabe in Meter über Meer.**
Achtung! Keine Wanderweg-Markierung	(gelb-rot)	**Bezeichnung der Wildschutzgebiete. Markierung: gelb-rot.**

Wanderzeiten: Die angegebenen Marschzeiten sind Richtzeiten ohne Marschhalte.
Winterwanderwege sind teilweise mit einheitlichen Winterwegweisern versehen. Die Farbe ist Pink (RAL 4010).

BAW Bündner Wanderwege
Geschäftsstelle
Kornplatz 12
7000 Chur
Telefon 081 258 34 00
Telefax 081 258 34 01
E-Mail: info@buendnerwanderwege.ch